슈퍼제너럴리스트

슈퍼제너럴리스트

: 지성을 연마하다 :

다사카 히로시 지음 | 최연희 옮김

싱긋

차례

제1화

왜 고학력자에게서 깊은 지성을 느낄 수 없는가?

'지성'이란 무엇인가?

'지성을 갈고닦다.'

이 책의 주제다.

아마도 많은 독자가 흥미를 느낄 법한 주제다.

왜냐면 '지성'이라는 말은 흔히

'저 사람은 지성적 분위기가 매력적이다'

'저 사람은 말투가 지성적이어서 멋지다'

라는 뉘앙스로 쓰이기 때문이다.

그 때문에 '지성'을 닦는 방법이 있다면 알아보고 싶어하는 사람도 있을 것이다.

그러나 본 주제로 들어서기 전에 독자와 함께 생각해보고 싶은 문제가 하나 있다.

과연 '지성'이란 무엇인가?

이 물음에 답하기 위해서는 먼저 '지성'과 '사이비 지성'이 공존하고 있음을 이해해야 한다.

그러면 '사이비 지성'이란 무엇인가?

먼저 우리가 직장 같은 곳에서 마주치곤 하는 장면을 떠올려보자.

허술한 '사업기획'

"논리상으로는 틀림없이 그렇지만……"

기무라 매니저가 엷은 웃음을 띤 채 그리 말했다.

어느 회의실의 모습.

초급사원 다나카 군은 아까부터 중견 매니저 몇 사람 앞에서 사업기획 프레젠테이션을 진행하고 있다.

말은 청산유수. 시원시원하다.

두뇌 회전이 빠르다. 발표도 논리적이고.

프레젠테이션의 슬라이드 쇼도 간단명료.

과연 명문대를 우수한 성적으로 졸업한 인재답다.

다나카 군도 자신의 사업기획이 충분히 설득력 있었다고 생각한다.

득의만면으로 회의실의 반응을 살피는 다나카 군.

그러나 어째서일까, 회의에 참석한 매니저들은 묵묵부답.

모두들 가만히 앉아 골똘히 생각하고 있다.

"어땠습니까?"

다나카 군의 말에 회의를 주재하는 기무라 매니저가 다른 매니저들의 의견을 대변하듯 말한다.

"논리상으로는 틀림없이 그렇지만……"

중견 매니저들은 하나같이 그렇게 생각하고 있다.
다나카 군처럼 이론으로 간단히 잘라 말해서는 새로운 사업기획의 적실성이 쉽사리 판명나지 않는다.
고객의 생생한 목소리나 생각이라는 것은 시장규모 파악의 숫자놀이나 사업전략의 논리 너머에 있다.
그것은 한 번이라도 사업개발에 본격적으로 매달려본 사람이라면 누구나 알고 있는 사실이다.
그것을 설명해줘도 경험이 적은 다나카 군은 이해하지 못할 것이다.

"무엇이 문제인 거죠?"

다나카 군이 물었다.
잠시 침묵이 흐르고 기무라 매니저가 친절하게 답한다.

"뭐랄까, 이 기획은 깊이가 조금 부족하달까…… 사업기획에는 숫자로 된 데이터에는 나타나지 않는 요소가 무척 많다네. 그런 '보이지 않는 것'을 좀 고려해보면 어떨까……."

그 말뜻을 알아차리기라도 한 듯 당황하는 다나카 군.

그때 다나카 군에게 구원의 손길을 내밀듯, 상사인 야마모토 매니저가 말한다.

"좋아, 다나카 군, 내일 한번 매장을 같이 돌아보자! 기무라 매니저가 한 말의 의미를 현장에서 함께 생각해보자고!"

살았다는 표정으로 턱을 끄덕이는 다나카 군.
다음날의 점포 조사에서 분명히 뭔가를 배울 것이다.

주위에 있는 '이상한 인물'

독자 여러분도 이런 장면과 마주친 적이 있을 것이다.
또 주위에 다나카 군 같은 젊은이도 몇 사람 있을 테고.

학력은 일류. 명문대 졸업.

두뇌는 명석하고 논리적 사고에 능하다.

두뇌 회전도 빠르고 말재주도 여간 아니다.

데이터에도 강하고 책도 즐겨 읽는다.

그러나 유감스럽게도

사고에 깊이가 없다.

그런 젊은이가 과연 없을까.

아니, 그건 젊은이만의 문제가 아니다. 우리 주위에 '머리는 좋지만 사고에 깊이가 없는' 사람은 나이와 상관없이 존재한다.

그리고 '사고에 깊이가 없'기 때문에 이런 사람들로부터는 '지성적'인 분위기가 느껴지지 않는다.

단적으로 말해서, '고학력'인데도 깊은 지성이 안 느껴지는 사람.

그런 이상한 사람이 우리 주위에는 있다.

독자 여러분의 직장 상사나 동료, 후배나 부하, 혹은 친구나 지인 중에도 그런 사람이 몇 명 있을 것이다.

'지성'과 '사이비 지성'

그러면 어째서 이런 이상한 사람이 있는 것일까?

그 이유를 알고 싶다면 '사이비 지성'의 정체를 파악할 필요가 있다.

그것은 또 무엇일까?

'지능'이다.

그러면 '지성'과 '지능'은 어떻게 다른가?

사실 이 둘은 완전히 상반되는 의미를 가지고 있다.

단적으로 정의해보자.

'지능'이란 '답이 정해져 있는 물음'에 곧바로 정확한 답을 내놓는 능력을 가리킨다.

예를 들어, 흔히 접하는 '지능검사'를 떠올려보자. 검사의 주요 목적 가운데 하나는, 대상자로 하여금 정답이 정해져 있는 문제를 풀도록 해서 얼마나 빠르게 정답에 도달할 수 있는가를 재보는 것이다. 요컨대, '답이 정해져 있는 물음'에 대해 신속히 옳은 답을 제시하는 능력이 '지능'의 중요한 속성 가운데 하나라는 것이다.

그리고 현재의 중·고등학교와 대학의 입학시험에서 묻고 요구하는 것은 이런 의미에서의 '지능'이며, 현재의 학력사회에서 수험경쟁을 이겨낸 '고학력자'란 그런 '지능'이 높은 사람임은 두말할 나위 없다.

이와 달리, '지성'이란 '지능'과는 완전히 반대되는 말이다.
그럼, 둘 사이에는 어떤 차이가 있는가?

'지능'이란 '답이 정해져 있는 물음'에 대해 재빨리 정확한 답을 내놓는 능력.

'지성'이란 '답이 없는 물음'에 대해 그 물음을 계속 되묻는 능력.

즉, '지성'이란 좀처럼 답을 찾을 수 없는 물음에 대해 절대 포기하지 않고 계속 물어나가는 능력이다.
때로는 생애를 걸고 궁구해도 답을 얻을 수 없으리라는 것을 알면서도 꾸준히 되묻는 능력이다.

지성이란 '철학적 사색'을 가리키는가?

한 예로 1977년에 '산일구조론散逸構造論'으로 노벨화학상을 받은 일리야 프리고진Ilya Prigogine은 젊은 시절에 '왜 시간은 과거에서 미래로 한 방향으로만 흐르는 것일까' 하는 물음을 떠안고는 그 난제와 오랫동안 씨름한 끝에 그 '산일구조론'을 내놓기에 이르렀다.

훌륭한 '지성의 영위'라 할 만하다.

마찬가지로,

'우주는 무엇 때문에 생겨났을까?'

'왜 생명은 진화해가는가?'

'마음이란 무엇일까?'

'인류는 대체 어디로 향해가는 것일까?'

'나는 무엇일까?'

와 같은 물음은 모두 '답이 정해져 있지 않은 물음'이다.

한 인간이 생애를 걸고 궁구해도 답을 얻을 수 없는 물음.

인류가 지금부터 백 년이라는 세월을 걸고 탐구해도 쉽사리 답을 얻을 수 없는 물음.

이러한 물음을 계속 집요하게 파고드는 힘을 '지성'이라고 부른다.

이렇게 말하면 다른 반응을 보이는 독자도 있을 것이다.

"역시 그런 심원하고 철학적인 문제의 사색이야말로 지성이라는 건가……."

그렇지 않다.

'답이 없는 물음'은 결코 심원한 철학의 영역에만 있는 것이 아니다.

우리들의 일상생활이나 업무에서도 '답이 없는 물음'은 무수히 발견된다.

제2화

'답 없는 물음'으로 가득찬 인생

'성적우수자' 친구의 고민

대학 다닐 때, 친구 하나가 상의할 것이 있는지 나를 찾아왔다.

교양과정에서 전문과정으로 진로를 결정해야 하는 시기.

내가 다닌 대학의 공학부에서는 2학년 말에 3학년부터 이수할 전문과정을 선택했다. 예컨대, 기계공학과로 갈지, 응용화학과로 갈지 선택해야 했다. 그리고 자신이 희망한 학과가 인기 있는 학과일 경우에는 교양과정의 성적순으로 선발되기 때문에 모든 학생은 자신의 성적(학점)과 자신이 희망하는 학

과의 인기도(합격점수) 사이에서 고민하면서 진로를 결정해야
했다.

그런 시기에 친구가 진로를 놓고 상의하러 온 것인데, 그가 보
여준 성적은 어느 학과로든 갈 수 있을 만큼 높은 수준이었다.
나는 이렇게 말해주었다.

"이 정도 점수라면 제일 인기 있는 건축학과라도 가겠는걸……."

그러자 그 친구가 뭐라고 했을 것 같은가?

"그래, 그렇지만 고민중이야. 사실 난 금속공학과에서 재료공
학을 공부하고 싶거든……."

보통 이런 대화에서는 누구든 "그럼, 그러면 되잖니"라고 거들
테지만, 나는 그 친구가 고민하는 이유를 알고 있었다.
당시 금속공학과는 인기 없는 학과였고, 교양과정 성적이 낮은
학생들이 가는 학과라고 여겨졌기 때문이다.
그 친구의 고민은 자기가 선호하는 학과로 가는 것에 대한 주
위의 안 좋은 반응과, 자신의 성적이라면 이미지가 가장 좋은
건축학과로 갈 수도 있다는 사실 사이에서의 어쩌면 '쓸데없는

고민'이기도 했지만, 한편으로는 자신의 '희망'과 '프라이드' 사이에서의 갈등이기도 했다.

고민 끝에 그는 결국 건축학과를 택했다.

그런데, 그로부터 40년 넘는 세월을 보내며 그는 어떠한 인생을 살아왔을까?

그 친구는 대학을 졸업하고 세계적으로 유명한 건축사무소에 들어간 뒤 훌륭한 건축가의 길을 걸었다.

이 이야기를 듣고는, "그렇다면 잘된 거 아닌가?"라고 생각할 독자도 있을 것이다.

하지만 과연 그럴까?

당시 이야기지만, 얼마 후에는 재료공학 붐이 일면서 금속공학과는 일약 인기 학과가 되었다. 다양한 혁신이 일어나는 연구 분야로 떠오르며, 산업으로서도 크게 성장한 분야가 되었다.

만일에 그가 그때 금속공학과를 택했다면 그후 어떤 인생을 살게 되었을까?

그것은 아무도 모른다.

성공했다고 여겨지는 인생을 살았더라도, 자기가 걷지 못했을 또하나의 길이 어떤 길인지는 알 수 없다.

그것이 인생의 진정한 모습이라면, 젊은 날 진로를 선택할 때 우리를 힘들게 하는 것은 바로 '답 없는 물음' 앞에 우두커니 서 있는 일이다.

그리고 우리는 이런 '답 없는 물음' 앞에서 고민할 필요 없이 '자기가 좋아하는 길을 택하면 된다'거나 '모처럼 문이 좁은 학과로 갈 수 있게 되었으니 당연히 그쪽을 택해야 한다'는 말에 따라 인생의 중대한 선택을 한다.

이처럼 자기 인생을 바라보면 거기에는 진학, 취직, 결혼, 이직을 비롯한 인생의 진로나 선택에 관한 '답 없는 물음'이 수없이 많다.

그렇다면 그 '답 없는 물음'에 차분히 대처할 수 있는 힘, 즉 '지성'이라는 것이 인생에서 얼마나 소중한가에 대해서는 논의할 필요조차 없을 것이다.

그리고 그 '답 없는 물음'은 우리들의 일상 업무 속에도 존재한다.

부하에게 부서이동을 명할까 말까?

가령 부하 직원에게 부서이동을 명할 경우.

기획부의 사이토 부장은 고민중이다. 자기 부서의 스즈키 군을 영업부의 나카무라 부장이 탐내고 있기 때문이다.

자기 밑에서 기획업무를 좀더 익히게 해야 할까, 아니면 영업부에서 뭔가 새로운 스킬을 배울 수 있도록 길을 터줘야 할까?

'영업부장이 탐내고 있을 때야말로 그가 새로운 자리에서 제대로 활약할 수 있는 기회가 아닐까?'

'아니, 당장 기획부에서 맡은 프로젝트를 본궤도에 올려놓게 하는 것이 스즈키 군의 장래에는 더 도움이 되지 않을까?'

이런 문제는 진지하게 생각해보면 사실 '답 없는 물음'이다.

대부분의 매니저들은 이런 문제에 대해 별로 깊게 생각하지 않고 결론을 내린다. 그렇다고 다짜고짜 비판할 일도 아니다. 왜냐면 이러저러한 의사결정 사항이 산적해 있는 바쁜 일정 속에서 매니저들이 한 사안에 시간과 정신적 에너지를 제대로 들여 결론을 낼 여유는 없기 때문이다. 그것이 현실이다.

하지만 그렇게 일단 서둘러서 판단을 내린다고 해도, 우리 매니저들이 이해해둬야 할 것이 있다.

부하 한 사람에게 부서이동을 명할까 말까 하는 문제도 깊이 생각해보면 그 또한 '답 없는 물음'이라는 사실.

그 사실을 알고 판단을 내리는 매니저와, 그 사실을 염두에 두지 않고 판단을 내리는 매니저 간에는 '지성' 면에서 큰 차이가 있다.

제3화

어째서 서둘러 결론지어버리려 하는가?

'답 없는 물음'에 직면하는 '지능'

우리들의 일상생활이나 일 속에도 '답 없는 물음'이 얼마든지 있다.

그리고 그 '답 없는 물음'과 대면하여 그것을 계속해서 좀더 깊게 따져물을 수 있는 힘이 바로 '지성'이다. 이와 달리, '지능'은 '답이 정해져 있는' 물음에 대해 재빠르게 정답을 찾아내는 능력이다.

그렇다면 '지능'이 '답 없는 물음'에 직면할 경우에는 무슨 일이 일어날까?

단적으로 말하자.

'결론짓기'다.

'지능'은 그런 행위를 한다.

도무지 답을 찾을 수 없는 문제에 직면했을 때, '지능'은 상황에 쫓겨 그만 '결론지어버리기'로 치닫는다.

예를 들어, 앞에서 부하의 부서이동 문제로 고민하던 기획부장은 이런 생각을 한다.

'영업부장이 스즈키 군을 탐내고 있다니까 그냥 넘겨버릴까?'

'스즈키 군도 나름대로 새로운 자리에서 잘 버텨가겠지.'

혹은,

'아니지, 프로젝트 도중에 스즈키 군을 내보내면 이쪽도 곤란해져.'

'분명 스즈키 군도 요즘 진행중인 프로젝트는 완수하고 싶겠지?'

양쪽 모두 특별히 잘못된 생각은 아니다.

그러나 이런 판단의 깊숙한 곳에 있는 마음의 자세가 문제다.

그것은 무엇일까?

'편해지고 싶은' 마음

역시 단적으로 말하자.

<u>'편해지고 싶다.'</u>

기획부장이 내심 그런 마음을 품고 있는 것이다.

"이 문제는 아무리 머리를 짜내더라도 정답이 있을 리 없다. 별 뾰족한 수가 없다. 시간 낭비, 에너지 낭비다."

그런 마음이 무의식과 의식의 경계에서 작용하고 있다.
나 역시 한 사람의 매니저, 한 사람의 경영자로서 이 길을 걸어왔다.
그래서 이 부장의 기분을 안다.

그러나 그 '안다'는 기분과는 별도로, 지난날 문예평론가 가메

이 가쓰이치로龜井勝一郎가 한 말이 떠오른다.

'결론짓기란 영혼의 허약함이다.'

쓰디쓴 말이다.
그러나 분명 하나의 진리를 함축하고 있는 말이다.

우리들의 정신은 그 용량에 한계가 올 만큼 어려운 문제에 맞닥뜨리면, 계속 파고들 정신적 부담을 견뎌내지 못하고 그만 결론지어버리려 한다. 얼른 매듭지어버리려 한다.
문제를 단순화해 이분법적으로 사고하여 마음이 편해지는 선택을 하고, 나아가 그 선택을 정당화할 논리를 찾아낸다.

앞서 본 논리를 떠올려보자.

'상대방이 원하고 있으므로……'
'그 나름대로 잘 버텨나갈 것이다'
'이쪽이 곤란해지지는 않을는지……'
'그 역시 틀림없이 그렇게 생각하고 있을 것이다'
그렇다면 이런 '결론짓기'는 어째서 문제인가?

이 책의 주제인

'지성 닦기'가 저지당하기 때문이다.

즉, 정신이 '편해지는' 쪽을 찾아 '결론지음'으로 빠져버리면, '답 없는 물음'에 맞서는 힘, '지성'의 힘이 쇠약해지는 것이다.

제4화

'상황에 쫓긴 결론짓기'가 아닌, 신속한 의사결정

'결론지어버리기'와는 상반되는 해결법

이 대목에서 이런 질문이 나올지도 모르겠다.

"약한 정신으로 쉬이 결론지어선 안 된다는 것은 이해하지만, 나날의 생활이나 일에는 당장 눈앞에 보이는 선택지 중에서 뭔가를 골라야 할 때도 있습니다. 그럴 경우, 서둘러 결론지어버리는 식이 아닌 신속한 의사결정은 불가능한 것일까요?"

중요한 질문이지만, 답은 명확하다.

'상황에 쫓긴 결론짓기'가 아닌 신속한 의사결정은 가능하다.

어떻게?

무엇보다 쉬이 결론지어버려서는 안 된다는 말은 '신속한 의사결정'을 해서는 안 된다는 뜻이 아니다. '약한 정신에 휘둘린 의사결정'을 해서는 안 된다는 것이다.
그렇다면 '정신의 허약함에 휘둘리지 않은 신속한 의사결정'이란 무엇인가?
이런 옛말이 있다.

'마음 정하기.'

즉, 특별한 각오도 없이 '별수 없다'며 수동적으로 내리는 의사결정이 아니라 '이렇게 하자!'고 마음을 정해 능동적으로 내리는 의사결정이다.
앞에서 이야기한 '부하의 부서이동'을 다시 예로 들자면,

"영업부장이 원한다고 했으니까, 괜찮겠지 뭐……"

라며 얼른 '매듭지어버리는' 식이 아니라

"영업부장도 뭔가 사정이 있어서 그런 요청을 했을 거고. 어쨌든 이번 부서이동이 신입에게는 도약의 기회가 될지도 모르니, 오직 그러기를 바라며 받아들이자!"

하는 식으로 '마음을 정하는' 것이다.

'결론지어버리기'와 '마음 정하기'의 차이

재차 이야기하지만, '결론지어버리기'는 '마음 정하기'와 어떻게 다른가?

'결론을 지어버리면' 속이야 후련하겠지만,
'마음을 정하면' 그렇게 되지 않는다.

양자의 서로 다른 결정은 꽤 다른 결과를 초래한다.

아마도 간단히 결론짓고 그 순간을 넘겨버린 기획부장은 자신이 부서를 옮기라고 지시한 부하를 얼마 지나지 않아 잊어버릴 것이다.

반면에, '마음을 정한' 기획부장은 이따금 그 부하를 떠올리며 '영업부에서 잘 버티고 있으려나?', '몇 년 하다가 기획부로 돌아올지도……' 하는 식으로 마음 한구석에 계속 품고 있을 것이다.

임상심리학자 가와이 하야오河合隼雄는 "애정이란 관계를 끊지 않는 것이다"라는 말을 했는데, 딱 그대로다.

'마음속으로나마 관계를 이어가는' 식으로 옛 부하직원에 대한 애정을 유지하는 상사, 그러니까 '마음 정하기'를 한 기획부장은 '정신의 에너지'를 지니고 있는 셈이다.

그리고 그 정신의 에너지야말로 '지성'을 지탱하는 힘이다. '지성'을 닦아나가기 위해 요구되는 힘이다.

그 에너지가 있기에 우리는 '답 없는 물음'을 계속 물어나갈 수 있는 것이다.

지성의 '가장 높은 형태'

또한 가와이 하야오의 "애정이란 관계를 끊지 않는 것이다"라는 말은, '애정'에 관한 수많은 정의 중에서 인생을 살아가는 데 필요한 가장 구체적인 '지침'이 될 만하다.

가만 생각해보면, 그 말은 역시 인생의 진리를 포착하고 있는 것 같다.

참된 '애정'이란 물리적으로 멀리 떨어져 있어도, 상대가 나에게 아무런 이익이나 기쁨을 주지 못한다 하더라도 상대를 계속 떠올리는 힘이며, 상대에게 언제까지나 마음을 내어주는 힘이다.

그러나 우리는 '애정'과 '에고ego의 소유욕'을 자주 혼동해버린다. 그리고 '에고의 소유욕'이 채워지지 않으면 상대와의 마음의 '관계'를 무참히 끊어버리기도 한다. 그런 사태의 배후에 자리잡고 있는 것은 '마음이 편해지고 싶다'는 '에고의 욕구'이지 진정한 '애정'은 아니다.

따라서 참된 '애정', 즉 상대와의 마음을 통한 '관계'를 유지해나가는 일은 우리에게 큰 정신적 에너지(의지)를 요구하기도 한다. 그러나 바로 그 때문에 '애정'은 지성의 '가장 높은 형태'일 수 있다.

제5화

정신의 에너지는 나이와 함께 고양된다

절대로 쇠락하지 않는 '정신의 에너지'

그런데 이번에도 이런 지적이 들려올지도 모른다.

"지성을 닦는 데는 왕성한 정신의 에너지가 필요하다면, 나이를 많이 먹은 사람은 그만큼 에너지가 약해져서 지성을 닦기가 어렵지 않을까요?"

아니, 그렇지 않다.

실은 정신의 에너지란 나이가 듦에 따라 점차 높아져간다.

육체의 에너지는 보통 마흔 살이 되기 전에 줄어들기 시작하지만, 사실 정신의 에너지는 예순 살을 넘겨도 여전히 높아져간다. 내 보잘것없는 경험으로도 그렇게 말할 수 있다.

나는 지난 2000년에 다마多摩대학 대학원 교수로 부임한 후 줄곧 '사회적기업가론'을 맡아 강의해왔는데, 강의는 매주 화요일 저녁 6시 반부터 9시 반까지 세 시간을 휴식 없이 진행하고 있다.

강의 방식도 토론이나 연습과 같이 비교적 느슨한 스타일이 아니라 세 시간 동안 단판승부를 벌이듯 치고 나가는 스타일이다. 수강생들 역시 '교수와 눈을 맞추며 무언의 대화를 나누고' '과거의 경험을 돌아보면서 듣는' 식으로 알차게 이루어지고 있다.

강의 내용은 여러 갈래로 뻗어나가서 그런지 수강생들로부터 '우주론에서 명함 주고받기까지'라는 평을 듣는다. 우주론이나 역사관, 자본주의론이나 민주주의론 등의 철학이나 사상을 논하다가, 네트워크 혁명이나 지식사회의 전망도 화두에 오르고, 때로는 사회적기업가의 전략사고나 업종간 연합의 전략·전술을 논의하기도 한다. 또 사회적기업가의 목표나 사명에 대해 이야기하고 기획력이나 영업력, 대화술이나 프레젠테이션 기술을 다루는가 하면 돌연 종교론이나 인생론, 인간학이나 인간력人間力까지 거론한다.

매주 화요일 밤 세 시간의 단판승부. 별다른 강의 자료도 없다. 무엇이 도마 위에 오를지는 나도 모른다. 이런 '즉흥적 강의'는 수강생들로부터 "초반부터 강의에 끌려들어가 앗 하는 사이에 세 시간이 지나가버린다"는 평을 듣지만, "강의가 끝나면 급격히 피곤해진다"는 말도 나온다.

이 대학원은 사회인 대학원으로, 내 강의의 수강생들은 모두 낮 동안의 바쁜 일을 마치고 캠퍼스로 부리나케 달려와 세 시간의 강의와 한판 겨루는 식이어서, '급격히 피곤해진다'는 것도 솔직한 반응일 것이다.

하지만 세 시간의 단판승부 강의는 강단에 서는 나 역시 힘들기는 마찬가지다.

수강생들은 의자에 앉아 머리만 쓰면 되지만, 교수는 선 채로 계속 이야기하며 물도 못 마시고 휴식도 없이 세 시간을 버틴다. 즐거운 일은 못 된다.

솔직하게 말하자면, 14년 전 이런 스타일로 강의를 시작했을 때만 해도 세 시간의 강의가 끝나면 바로 의자에 앉아 쉬고 싶을 정도로 무척 피곤했다.

그러나 그로부터 14년. 매년 봄 학기와 가을 학기를 각각 15회씩, 공들인 강의를 이어온 결과, 무엇이 변했는가?

이제는 화요일 밤 세 시간의 강의를 마친 후에도 만약 급한 강의 요청이 있을 경우에는 거기에 응할 수 있을 만큼 정신적 스태미나가 붙었다. 실제로 이 강의를 마치고 두 시간가량의 세미나를 진행하기도 하며, 그런 다음 사무실로 가서 심야 1시쯤까지 회의를 하는 일도 가끔씩 있다.

내 나이는 이 책을 상재한 해의 4월로 예순셋이다.

14년 전 마흔아홉 살 때에 비해 정신의 스태미나, 정신의 에너지가 낮아지기는커녕 확실히 높아져 있다.

소소한 훈련으로 높아지는 '정신의 스태미나'

그럼, 정신의 스태미나와 에너지는 어떻게 하면 길러질까?

나는 무슨 특수체질이 아닌 보통 사람이며, 뭔가 특별한 훈련을 한 것도 아니다.

그저 매년 30회, 세 시간의 강의를 단판승부처럼 진행해왔을 뿐이다.

그 훈련을 14년 넘게 계속해가고 있지만, 예순 살이 지나도 여전히 정신의 스태미나와 에너지는 높아져만 간다.

이처럼 정신의 스태미나나 에너지는 나름대로 훈련을 해나가면 나이가 들어도 약해지지 않음은 물론, 나이 예순을 넘겨도 꾸준히 높아진다.

내 보잘것없는 경험으로도 말할 수 있지만, 역사를 돌이켜봐도 그것은 틀림없는 사실이다. 임상심리학의 태두 카를 융은 예순을 넘겨 방대한 저작을 남겼고, 화가 피카소도 예순을 넘겨 왕성한 작품 활동을 이어나갔다. 피아니스트 아르투르 루빈스타인은 아흔 살 무렵까지 한창때와 다름없는 솜씨로 건반을 두드렸다.

본래 인간 정신의 스태미나나 에너지는 나이가 들어도 쇠락하지 않을뿐더러 예순이 지나서도 높아져간다.

그런데도 어째서 사람들은 '정신의 에너지는 나이가 들수록 줄어든다'고 믿고, 실제로도 에너지가 줄어드는 것일까?

제6화

'고정관념'을 버릴수록 피어나는 능력

세 계 적 인 첼 리 스 트 의 퀴 즈

요즘 주위를 둘러보면 확실히 많은 사람이 정신의 에너지는 나이가 들수록 줄어드는 것으로 여기고, 그러다보니 실제로 에너지가 줄어들기도 한다.

이유는 두 가지다.

하나는 '고정관념'이다.

'인간은 나이가 들수록 육체는 물론이고 정신도 에너지를 잃어간다.' 우리는 의식과 무의식의 경계에서 이런 '고정관념'을 지니고 있다.

그러나 사실 그것은 단순한 '선입견'이라고 할 만한 고정관념에 불과하다.

그 점을 일깨워주는 재미난 에피소드가 있다.

몇 해 전 방송에서 〈미래로 가는 교실〉이라는 프로그램을 보았다.

출연자는 세계적인 첼리스트 미샤 마이스키.

그가 유럽의 어린이들을 모아놓고 음악 교육을 하는 장면인데, 어린이들에게 이런 퀴즈를 낸다.

"여러분, 지금부터 바흐의 무반주 첼로 조곡 가운데 하나를 들려줄게요. 세 명의 첼리스트의 연주 녹음을 번갈아 들어볼 텐데요, 어느 연주가 가장 나이든 연주자의 것이고 어느 연주가 가장 젊은 연주자의 것인지 맞혀보세요."

그러고는 세 명의 연주를 들려준다.

방송으로 연주를 들은 나는 '너무도 간단한 퀴즈인데……'라고 생각했다.

예상대로, 어린이들도 나와 똑같은 답을 말했다.

그러자 마이스키는 차분한 표정으로 이렇게 말했다.

"여러분의 답은 그렇군요. 그럼 정답은? 여러분이 '가장 나이든 사람의 연주'로 고른 묵직한 연주는 사실 내가 16년 전에 한 연주이고, 여러분이 '가장 젊은 사람의 연주'로 고른 가벼운 연주, 그것은 최근의 내 연주입니다.……"

'고정관념'이라는 함정

이 장면을 보고 나는 내 안에 웅크리고 있는 '고정관념'을 자각했다.

'나이든 연주자는 중후한 연주.'
'젊은 연주자는 경쾌한 연주.'

그런 '통념'과 '고정관념'이 뇌리를 스쳤다.

그리고 인간의 '정신'에 대한 '믿음'과 '고정관념'에 대해서도.

'인간의 정신은 나이가 들수록 유연함이나 발랄함을 잃어
간다.'

우리는 이런 '통념'과 '고정관념'을 안고 있다.
그러나 그렇지 않다.

인간의 정신은 해를 거듭할수록 그런 유연함이나 발랄함을 키
워간다.

마이스키의 에피소드가 일깨워주는 것은 실은 그런 단순한 진
실이다.
그러나 우리가 의식과 무의식의 경계에서 품고 있는 '인간의 정
신은 나이가 들수록 유연함이나 발랄함을 잃어간다'는 완고한
'고정관념'에 의해 실제로 우리의 정신은 해를 거듭할수록 유
연함이나 발랄함을 잃어간다.
이것은 '정신의 에너지'에 대해서도 마찬가지다.

'인간의 정신은 해를 거듭할수록 에너지를 잃어간다.'

우리는 이런 '믿음'과 '고정관념'을 지니고 있다.

그러나 그렇지 않다.

인간의 정신은 해를 거듭할수록 에너지를 높여간다.

하지만 우리가 의식과 무의식의 경계에서 지니고 있는 '인간의 정신은 해를 거듭할수록 에너지가 쇠락해간다'는 완고한 '고정 관념'에 의해 실제로 우리의 정신은 해를 거듭함에 따라 에너지가 줄어든다.

'훈련부족' 비즈니스맨

그러면 많은 사람이 '정신의 에너지는 해를 거듭할수록 쇠락해간다'고 믿고, 그러다보니 실제로 에너지를 잃는 또하나의 이유는 무엇일까?

또하나는 '훈련부족'이다.

단적으로 말하자면, 정신의 에너지는 누구든 어느 정도의 훈련만 쌓으면 나이와 상관없이 높일 수 있지만, 안타깝게도 그런 소소한 훈련조차 하지 않는 사람이 많다.

예컨대, 독자 여러분이 비즈니스맨이라면, 지난 한 달을 돌아보시기 바란다.

지난 한 달 동안 '철저한 정신적 집중이 필요했던, 실로 단판승부와 같은 시간'을 얼마나 보냈는가?

유감스럽게도, 겉으로는 자기 일에 성실히 임하는 것처럼 보이지만 정작 '적당한 선에서 처리하고 마는' 그런 비즈니스맨도 적지 않을 것으로 짐작된다.

그리고 인간의 능력이라는 것은 '100'의 능력을 갖춘 사람이 '90'의 능력으로 업무에 임하고 있다면 그 일을 가령 '1000시간'이나 한다고 해도 확실히 힘은 줄어든다.

만약 '100'의 능력을 갖춘 사람이 자신의 능력을 키우고 싶어 한다면, 그는 '110'이나 '120'의 능력이 요구되는 일에 집중해서 달려드는 시간을 가령 '매주 몇 시간'이라도 가지지 않으면 안 된다. 오히려 그 '매주 몇 시간'을 유지해나간다면 능력은 분명 커질 것이다.

대학원 강의의 경험은 나와 같은 보통 사람이라도 매주 세 시간, 정신을 집중하여 훈련을 계속하면 나이가 들어도 정신의 스태미나나 에너지가 높아진다는 사실을 나에게 가르쳐주었다.

여기서 말하는 '훈련'이란 특별한 것이 아니라 실로 소박한 것이다.

자기 능력을 조금 웃도는 수준의 일에 집중하는 시간을 정기적으로, 지속적으로, 수년 동안 가진다.

말하자면 그것뿐이다.

'지성'을 닦는 에너지

요컨대, 인간의 정신은 나이가 들면 그 에너지가 줄어든다는 생각은 단지 우리의 '통념'이며 '고정관념'일 뿐이다.

그 점을 자각할 때, 우리는 나이를 먹으면서도 정신의 에너지를 높여, '답 없는 물음'을 묻는 힘을 단련하고 '지성'을 갈고닦아나갈 수 있다.

아니, 그것으로 그치지 않는다.

자기 내면에 자리잡은 '믿음'과 '고정관념'을 스스로 직시할 때, 우리는 이제껏 무심코 억압해온 '숨겨진 재능'을 꽃피울 수 있다.

그 점에 대해서는 제22화에서 꽃을 피우는 방법을 포함해서 더 이야기해볼 것이다.

다음 제7화에서는 '지성', 그리고 그것과 비슷해 보이지만 같지는 않은 또하나의 말에 관해 이야기해보자.

박식함은 어째서 지성과는 관계가 없는가?

'경험 없는' 사업기획

그날 스즈키 군의 프레젠테이션을 다른 동료가 감탄하며 듣고 있었다.

환경 비즈니스에 관한 신사업기획안.
실로 주도면밀하게 준비한 자료.
벽에 비치는 슬라이드에는 이 사업의 비전과 전략, 사업계획이 멋진 콘셉트로 제시된다.

도입부는 지구환경문제에 대한 전망.

해외의 저명한 환경사상가의 말을 여러 번 인용하면서 격조 높게 비전을 제시한다.

이어서 사업전략.

이 역시 세계적으로 유명한 경영대학원 교수의 소셜마케팅론을 인용한다.

다음으로 사업계획.

해외 비즈니스 잡지의 특집기사 데이터를 인용하면서 이 사업이 얼마나 유망한 시장을 겨냥하고 있는지 설명한다.

과연 대단한 독서가로, 항상 최첨단의 정보를 섭렵하고 있는 스즈키 군답다. 해박한 지식이 느껴지는 신사업기획 프레젠테이션.

이어지는 질의 때도 차근차근 해박한 지식과 정확한 기억력으로 질문에 답해간다.

이를테면

"이것을 미국의 한 연구조사에서는 이렇게 결론짓고 있습니다"

"현재 이 전략은 새로운 마케팅 사상으로서 주목을 받고 있습니다"

하는 식이다.

그러나 감탄하는 멤버들과는 달리 이 기획회의를 주재하는 엔도 매니저만은 시종 입을 다문 채 듣고 있지만 그다지 찬동하는 기색은 아니다.

그것을 눈치챈 스즈키 군이 묻는다.

"어떻습니까? 이 사업제안……."

엔도 매니저는 스즈키 군을 바라보며 차분하게 한마디한다.

"한 가지 묻고 싶네. 이 제안서 중에서 자신의 '경험'으로 구상한 부분이 있는지……."

순간 말을 잃은 스즈키 군.
그리고 침묵 속에서 엔도 매니저가 뭔가 중요한 것을 일러주려는 분위기다.
스즈키 군으로서는 다시금 성장의 한 순간을 맞이한다.

또 하나의 사이비 '지성'

앞에서 '지성'과 '지능'의 차이에 관해 이야기한 바 있는데, '지성'과 비슷한 듯해도 결코 같지 않은 말이 또 있다. 조금 전의 에피소드는 그것을 일깨워주는 것이기도 하다.

바로 '지식'이라는 말이다.

요즘에는 '책'을 많이 읽고 해박한 '지식'을 쌓은 사람을 '지성'을 체현한 사람이라고 믿는 경향이 있다.
그러나 사실 웬만큼 해박한 '지식'을 쌓았다고 해도 그것을 '지성'이라 할 수는 없다.
어째서 그럴까?
왜냐면 '지성'의 본질은 '지식'이 아니라 '지혜'이기 때문이다.

그렇다면 '지식'이란 무엇인가? '지혜'란 무엇인가?
이것도 단적으로 말해보자.

'지식'이란 '말로 드러나는 것'이며, '책'을 통해 배우는 것이다.

'지혜'란 '말로 드러나지 않는 것'이며, '경험'으로만 배울 수 있는 것이다.

즉, '지혜'란 과학철학자 마이클 폴라니가 '암묵지暗默知, Tacit Knowing'라고 칭한 것으로, '말로 드러나지 않는 것'이기에 '책'이나 '문헌'을 아무리 많이 읽어도 결코 익힐 수 없는 것이다.
예컨대 '직관력', '통찰력', '대국관大局觀' 등으로 불리는 능력을 가리킨다.
이런 능력은 '지성'이라고 불리는 능력의 핵심을 이루지만, 이 것들은 '직업적 센스'나 '프로의 직관' 같은 말이 있는 것에서 알 수 있듯이, 오랜 '직업경험'이나 '현장경험'을 통해서만 확보할 수 있다.
그리고 직관력, 통찰력, 대국관뿐만 아니라 '지성'이라고 불리는 능력도 오직 '경험'을 통해서만 익힐 수 있는, 인간의 지극히 높은 수준의 능력이다.

요즈음 '지식'의 축적을 기반삼아 연구를 진행하는 학술분야에서조차 '임상의 지知'나 '현장의 지'라는 말이 쓰이고 있는데, 어쨌거나 '지성'의 본질은 '경험'을 통해 획득할 수 있는 '지혜'일 따름이다.

'지식'과 '지혜'의 혼동이라는 병

그러나 안타깝게도 우리 주위에서는 '지식'과 '지혜'를 혼동하는 병폐가 만연해 있다.

즉, '지식'을 쌓으면 '지혜'를 얻는 줄로 믿는 병이다.

그것은 어떤 병일까? 예를 들어보자.

최근에 나는 『다보스 회의로 보는 세계 톱 리더들의 화술』이라는 책을 냈는데, 이 책의 한 대목에서 "화술의 요체 중 하나는 단어 하나하나를 마치 '낱알'인 양 명료하게 말하는 것"이라고 쓴 바 있다.

그런데 어떤 독자가 이 책을 읽으며 이 문장에 밑줄을 긋거나 노트에 베껴 쓴다고 해도 그것은 단지 '화술의 요체 중 하나는 단어 하나하나를 마치 낱알인 양 명료하게 말하는 것'임을 '지식'으로 배운 것에 지나지 않는다.

혹여 진짜로 이 독자가 예의 '낱알 화술'을 '지혜'로서 갖추고 싶어한다면, 실제로 누군가와 대화를 나누는 '경험'을 수없이 쌓아 단어 하나하나를 낱알인 양 명료하게 말하는 훈련을 몇

제7화 박식함은 어째서 지성과는 관계가 없는가?

번이고 거듭해서 그 기술을 '몸'으로 체득해야만 한다.

그럼에도 '화술의 요체 중 하나는 단어 하나하나를 마치 낱알인 양 명료하게 말하는 것'임을 '지식'으로서 배운 것만으로 화술의 '지혜'를 갖췄다고 착각한다면, 이 독자는 결코 화술을 닦을 수 없을 것이며, 따라서 화술의 프로페셔널이 될 수도 없을 것이다.

본래 한 사람의 프로페셔널로서 살아가려면 그에 걸맞은 전문적 '지식'을 갖추지 않으면 안 된다. 나는 그것을 부정하려는 것이 아니다. 독자 여러분은 그것을 오해해서는 안 될 것이다. 그러나 책을 통해 풍부한 '지식'을 흡수했다고 해도 그것은 '경험'을 통해 획득한 '지혜'는 아니다. 프로페셔널을 지향하는 사람은 우선 그 점을 깊이 이해해야 할 것이다.

'포크볼 치기 비결'의 착각

조금 벗어나는 이야기지만, 지식을 배운 것만으로 지혜를 갖춘 것으로 착각해버리는 상황은 일상생활에서도 자주 만나게 된다.

몇 해 전, 텔레비전으로 프로야구 중계를 보던 때의 이야기다.

그날의 해설자는 3관왕 타이틀을 세 번이나 꿰찬 타격의 명수 오치아이 히로미쓰落合博滿로, 화제는 어느 투수의 뒤끝 좋은 포크볼이었다.

상대 팀은 그 뒤끝 좋은 포크볼 앞에 삼진의 산을 쌓고 있고. 그런 상황에서 아나운서가 해설자에게 묻는다.

"오치아이 씨, 현역시절의 오치아이 씨라면 오늘 저 투수의 뒤끝 좋은 포크볼을 어떻게 공략할까요?"

텔레비전을 보고 있는 야구팬이라면 누구나 묻고 싶은 질문을 아나운서가 제때에 던진다.

그러나 이 질문에 대해 오치아이 씨는 그저 담담하게 이렇게 말했다.

"아, 저 포크볼 말씀이군요. 오늘 저 포크볼은 뒤끝이 좋아서 뚝 떨어집니다. 떨어지면 치기 힘들죠. 그래서 떨어지기 전에 쳐야……."

이 말을 듣고 마음속으로 무릎을 치며 '과연!' 하고 생각했다.

하지만 얼마 지나지 않아 내가 '지식과 지혜의 착각'이라는 함정에 멋지게 빠졌다는 걸 깨닫고는 쓴웃음을 짓지 않을 수 없었다.

해설을 듣고는 나 역시 포크볼을 칠 수 있으리라는 착각에 빠졌기 때문이다.

그러나 프로야구 투수의 공은 구질과 상관없이 파워가 달라서, 아마추어는 직구조차 치기 어렵다.

하물며 뚝 떨어지는 포크볼을 떨어지기 전에 친다는 것은 실로 지난한 일이 아닌가.

그것은 오치아이 씨 정도의 천재 타자가 오랫동안 치열한 훈련을 거쳐 비로소 익힌 '포크볼 치기의 비결'이다.

그것을 단지 머리로만 이해하고는 순간 자신도 쳐낼 수 있으리라는 착각에 빠진 것이다.

'지식과 지혜의 착각.'
그것은 일상 속 어디에나 존재한다.

제8화

머리 좋은 젊은이가 프로페셔널이 될 수 없는 이유

프로페셔널론의 '기묘한 현상'

이야기를 되돌리자.

앞에서 화술을 예로 들어 "화술의 요체 중 하나는 단어 하나하나를 마치 '낱알'인 양 명료하게 말하는 것"임을 '지식'으로서 배운 것만으로 화술의 '지혜'를 갖춘 것으로 착각한다면 그 사람은 결코 화술을 강화할 수 없으며 화술의 프로페셔널은 결코 될 수 없을 것이라고 이야기했다.

이것을 이해하면, 요즈음 만연하는 '기묘한 현상'이 어째서 일어나는지, 그 이유를 알 수 있다.

서점에 들러보자.

서가에는 '프로페셔널론'이라 할 만한 책이 넘쳐난다.

그것은 오늘날 다양한 분야에서 '프로페셔널'로 활약하고 있는
인물의 '인생론'이나 '직업론', 나아가서는 '기술론'이나 '소양론'
등인데, 요컨대 젊은 독자들이 품고 있을 법한 '나도 일류 프로
페셔널에게 배워서 프로페셔널로 활약하는 사람이 되고 싶다'
는 바람이나 그에 따른 실제적 필요에 응하는 책이다.

이런 현상은 텔레비전 프로그램을 봐도 마찬가지다.

다양한 분야의 일류 프로페셔널을 스튜디오 게스트로 불러 그
들의 인생이나 직업, 기술, 소양 등을 취재 화면과 함께 소개하
는 프로그램이 젊은 시청자들에게 큰 인기를 끌고 있다.

그러나 이런 책이나 텔레비전 프로그램이 넘쳐나지만, 한편으
로 젊은 비즈니스맨 중에서 뛰어난 프로페셔널이 과연 얼마나
배출되었는지 물어본다면 현실은 지극히 비관적이다.

왜 이런 '기묘한 현상'이 나타나는 것일까?

'지식과 지혜의 착각'이라는 병

이 '기묘한 현상'

서점에는 '프로페셔널론'을 다룬 책이 넘쳐나지만, 실제로 '프로페셔널'로서의 역량을 갖춘 인재는 드물다.

이런 현상이 나타나는 주된 이유는 너무나 명백하다.

'지식'을 배우면 '지혜'를 얻는 줄로 착각하는 병.

이런 풍조가 만연해 있는 탓이다.

그러니까 프로페셔널이 쓴 책을 읽고 프로페셔널의 스킬이나 센스, 테크닉이나 노하우, 즉 본래 '경험'을 통해 갖춰야 할 '지혜'를 그저 '책'을 통해 한낱 '지식'으로만 배우고는 그것으로 다 알았다고 넘겨버리기 때문이다.

그 배경에는 말할 나위 없이 오랜 세월에 걸친 '지식편중교육'의 폐해가 자리잡고 있다.

요컨대, 오늘날 우리가 초등교육에서 대학교육까지, '지식'이라는 것을 대량으로, 빠르고 정확하게 기억하고, 필요한 순간에 그것을 재빨리 머릿속에서 끄집어낼 수 있는 사람을 '우수한 인재'라고 여겨왔기 때문이다.

그 때문에 현실사회에 나와도 과거의 '지식편중' 의식에서 벗어나지 못하고, 본래 '경험'을 통해서 얻어야 할 '지혜'의 추구는 방기한 채 '지식' 습득만으로 '뭔가 가치 있는 것을 얻었다'고 믿어버리는 것이다.

머리 좋은 사람의 '서평'

나는 2004년에 그때까지의 비즈니스 경험을 발판삼아 영업자가 익혀야 할 '기술'과 '소양'을 이야기한 『영업력』이라는 책을 냈는데, 출간 후에 어느 블로그의 개인서평을 접하고는 유감스럽게 생각한 적이 있다.

이 책에는 고객 상담 때 '고객의 마음의 움직임을 감지하는' 것의 중요성을 이야기하는 대목이 있는데, 이와 관련하여 그 개인서평에는 이런 코멘트가 붙어 있었다.

"고객의 마음의 움직임을 감지하는 것이야 당연한 일 아닌가?"

그 순간 나도 모르게 쓴웃음이 나왔다. 이 서평자는 아마도 영업실무 경험이 별로 없는 머리 좋은 독자일 것이다.

그런 까닭에 '고객의 마음의 움직임을 감지한다'는 부분을 읽으면서 '그런 것은 알고 있다'고 생각했을 것이다. 그리고 이 독자는 분명 여러 종류의 비즈니스 관련 서적을 읽고 '고객의 마음의 움직임을 감지하는' 것의 중요성에 대해 적어도 '지식'으로서는 알고 있었을 것이다.

안타까운 일이지만, 『영업력』이라는 책을 읽고 그런 감상을 이야기하는 독자는 고객의 마음의 움직임을 감지할 만한 '지혜'를 얻지는 못할 것이다.

왜냐면 그 책의 해당 부분에는 거기에 필요한 구체적인 훈련방법이 상술되어 있지만, 이 독자는 그 부분에는 마음을 주지 않을 것이기 때문이다.

그것은 매번 고객과 상담하기 전에 고객의 의식 상태를 상상하고 그에 대한 접근법을 그려보는 '신 메이킹scene making'이나 '시뮬레이션' 훈련이며, 상담 후에 그 만남의 내용을 마음속으로 재현하며 고객의 마음의 움직임을 세심히 돌아보는 '추체험追體驗'이나 '반성' 훈련인데, 그 독자는 이 부분에는 눈길을 주지 않았을 것이다. 그리고 그런 훈련을 몸소 해보려는 생각은 품지 못했을 것이다.

그 이유도 명확하다.

프로페셔널이 오랜 경험을 통해 익힌 지혜를, 자신도 시간을 들여 꼭 그만큼의 경험을 쌓아 지혜를 얻는 것이 아니라, 겨우 책 몇 권 읽은 것으로 얻으려 하는 '안이한 정신', 그것이 이 독자의 마음속에 또아리를 틀고 있기 때문이다.

이런 '안이한 정신'이 '지식과 지혜의 착각'이라는 병에 걸리면 아무리 머리 좋은 독자라도 프로페셔널은 결코 될 수 없다. 오랜 기간의 훈련을 꺼리는 한, 이 독자는 절대로 프로페셔널이 될 수 없다.

'특별한 비결'이 없는 지혜 습득법

세상에 넘쳐나는 '프로페셔널론' 책은, 그것이 진정한 책이라면 '어떻게 하면 손쉽게 프로페셔널이 될 수 있는가'를 이야기해서는 안 될 것이다.
그것이 진정한 책이라면 '프로페셔널이 되기 위해서는 얼마나 많은 노력을 기울여야 하는지'를 이야기해야 할 것이다.

논리적으로 생각해봐도 그것은 지극히 당연한 일이다.

가령 '사흘 만에 고도의 영업력을 익히는 비결'이라는 것이 있다고 해보자.

그리고 그 비결은 책을 한 권 읽으면 얻을 수 있는 것이라고 해보자.

만약 이런 '특별한 비결'이 있다면 누구나 그 비결을 책 한 권 읽고 사흘 만에 익힐 것이다.

그 결과, 누구나 '고도의 영업력'을 익혀버린 바람에 더 높은 차원의 경쟁이 시작될 것이다.

물론 이런 우스갯소리 같은 비결은 존재하지 않지만, 요즘 들어 많은 사람의 마음속에는 그런 '특별한 비결'을 구하는 안이한 정신이 퍼져 있다.

그리고 이런 '안이한 정신'이 생기는 배경에도 오래도록 이어진 '지식편중교육'과 '입시교육'의 폐해가 자리잡고 있다.

어째서 그럴까?

'지식의 습득'에는 '특별한 비결'이 있기 때문이다.

'책'을 읽어 배울 수 있는 '지식'에는 '얼마나 빠르게, 얼마나 많이, 얼마나 효율적으로 배울 수 있는가' 하는 비결이 확실히 존재한다.

요즘은 소년만화 분야에서조차 대학입시 공부의 '특별한 비결'을 상세히 알려주어 인기를 끄는 아이템도 등장했단다. 그 때문에 '지식'을 배우는 데에 뛰어난 '머리 좋은 젊은이'는 '지혜'를 얻는 데에도 '특별한 비결'이 있다고 생각해버리는 것이다.

그러나 오랫동안 꾸준히 '경험'을 쌓아나가는 것 말고는 달리 얻을 방법이 없는 '지혜'에는 '얼마나 빠르게, 얼마나 많이, 얼마나 효율적으로 배울 수 있는가' 하는 비결은 없다.

기껏해야 보통은 '10년의 경험'을 쌓아야만 익힐 수 있는 '지혜'를 '3년의 경험'으로 익힐 수 있는 특수한 훈련법이 존재하는 정도다.

그러나 '돌 위에서도 3년'(힘겨운 시기를 잘 견뎌내면 언젠가는 성공의 순간이 찾아온다는 의미의 일본 속담 — 옮긴이)이라는 말도 있듯이, 적어도 3년 동안은 자기 나름의 경험을 쌓기 위해 철저히 훈련할 각오가 되어 있지 않으면 '프로페셔널의 지혜'를 확보할 수 없다.

그런 면에서 프로페셔널을 지향하는 젊은이가 마음에 새겨야 할 것은 '프로페셔널로 향하는 길에 왕도는 없다'는 말과, '적은 내 안에 있다'는 말일 것이다.

다시 한번 되풀이하자.

왜 서점에 '프로페셔널론' 관련 서적이 넘쳐나는데도 실제로 '프로페셔널'로서의 역량을 갖춘 인재는 드문 것일까?

그 이유는 책에서 배운 '지식'만으로 '지혜'를 얻을 수 있다고 믿는 '병'이 만연해 있기 때문이다.

어째서 고학력자에게서 깊은 지성을 느낄 수 없을까?

이제까지 '지성이란 무엇인가?'라는 물음을 놓고 '지성'과 그 사이비인 두 가지 말, 즉 '지능'과 '지식'에 대해 이야기했다.
여기서 이 두 가지 말과 '지성'의 차이를 다시 한번 확인해두자.

'지능'이란 '답 있는 물음'에 대해 재빠르게 옳은 답을 찾아내는 능력이다.
'지성'이란 '답 없는 물음'에 대해 그 물음을 계속 물어나가는 능력이다.

'지식'이란 '말로 드러나는 것'이며, '책'으로부터 배우는 것이다.

'지혜'란 '말로 드러나지 않는 것'이며, '경험'으로만 얻을 수 있는 것이다.

'지성'의 본질은 '지식'이 아니라 '지혜'다.

그리고 '지능'과 '지식', 이 두 가지와 '지성'의 차이를 이해할 때, 독자 여러분은 이 책 서두에서 언급한 '이상한 사람'의 의미를 이해할 수 있을 것이다.

어째서 '고학력자'인데도 사고에 깊이가 없는 사람이 있을까?

어째서 '고학력자'인데도 깊은 '지성'이 안 느껴지는 사람이 있을까?

어떤 의미에서 그것은 당연한 일이다.

왜냐면 지금의 '학력사회'란 '지능'의 우수함과 '지식'의 풍부함으로만 평가되는 사회이기 때문이다.

그러나 높은 '지능'이 반드시 깊은 '지성'을 의미하지는 않는다.

또한 풍부한 '지식'이 반드시 깊은 '지성'을 의미하지는 않는다.

따라서 높은 '학력'이 반드시 깊은 '지성'을 의미하지는 않는다.

왜 높은 '지능'을 가진데다 풍부한 '지식'까지 쌓은 '고학력자'에게서 깊은 '지성'을 느낄 수 없는 것일까?

독자 여러분은 그 이유를 이해하고 있을 것이다.
그리고 '지성을 닦는' 데 절실히 요구되는 것들도 알고 있을 것이다.

우리가 진실로 '지성을 닦기' 위해서는 두 가지가 요구된다.

하나는 '답 없는 물음'을 되묻는 힘을 기르는 것이다.
좀처럼 답이 보이지 않는 물음을, 절대 체념하지 않고, '결론지어버리기'에도 휘둘리지 않은 채 계속 물어나가는 힘. 그것을 익히기 위해서는 나날의 일들을 통해 부단히 정신의 스태미나와 에너지를 키울 필요가 있다.

또 하나는 '지식과 지혜의 착각'이라는 '병'에 걸리지 않는 것이다.
독서를 통한 '지식' 습득만으로 '지혜'를 얻었다고 착각하지 않고, 오래도록 꾸준히 경험을 쌓아서 깊은 '지혜'를 깨달아가는 것. 그러기 위해서는 자기 생각을 밝힐 경우, '그것이 책으로 배운 지식인지, 아니면 경험을 통해 얻은 지혜인지를 자문해봐야 한다.

이 두 가지만 유념해도 우리들의 '지성'은 확실하게 닦여나갈 것이다.

제9화

어째서 우수한 전문가가 문제를 해결할 수 없는가?

'지성'과 그 사이비인 세번째 말

이제까지 '지성이란 무엇인가'를 놓고 생각해왔다.

그리고 '지성'이라는 말과 그 사이비인 다른 두 가지 말에 관해 이야기했다.

하나는 '지능'.

다른 하나는 '지식'.

둘 다 '지성'이라는 말과 비슷한 듯해도 결코 같지 않은 말이다.

'지성을 닦는' 행위는 그 차이를 이해하는 데서 시작된다.
그런데 실은 이 '지성'과 사이비 관계인 말이 하나 더 있다.

'전문성.'

요컨대, 우리에게는 '고도의 전문성'을 갖춘 사람이 곧 '고도의
지성'을 가진 사람이라고 생각하는 경향이 있다.
원래 이것은 '지성'이라는 말의 정의定義에 관한 문제이기 때문
에 '고도의 전문성=고도의 지성'이라는 정의를 누군가 채택한
다고 해서 그것을 특별히 문제시할 필요는 없을 것이다. 그러
나 그와는 별도로 21세기라는 시대적 상황에서 우리가 이해해
두지 않으면 안 되는 하나의 현실이 있다.
그것은 무엇일까?

고도의 '전문성'을 갖춘 우수한 '전문가'는 문제를 해결할 수
없다.

이런 현실이다.

예를 들면 지구온난화문제.

지구온난화가 인류 전체에 심각한 문제라는 것은 이제 누구나 알고 있는 사실이지만, 단지 온실가스 배출량 제한조차도 아직 국제적 합의에 이르지 못했고 해결의 실마리도 보이지 않는다.

그런데 이 지구환경문제에 관한 전문가는 무수히 존재한다.

또한 다양한 전문분야로 특화된 연구들이 진행되고 있다.

예를 들면 환경과학, 환경공학, 환경경제학, 환경정치학, 환경사회학, 환경윤리학, 환경정보학⋯⋯.

각 분야에서 뛰어난 전문가들이 뚝심 있게 연구를 진행하고 있는 것은 감복할 만한 일이지만, 정작 중요한 문제는 그들도 해결하지 못하고 있다.

'고도의 전문성'을 갖춘 사람은 널려 있지만, 정작 중요한 문제는 해결 불능인 상황이다.

어째서 그럴까?

이에 대한 답도 명확하다.

"지구환경문제라는 것은 개별 전문분야를 넘어선 학제적인 테마라서, 여러 분야의 전문가들이 지혜를 모으지 않고는 해결할 수 없다."

"이 문제는 다양한 전문가의 지혜를 모은 종합적 접근을 필요로 하는 만큼, 쉽사리 해결될 문제가 아니다."

물론 그럴 것이다.

그리고 그것이 요즘 들어 '학제연구'나 '종합연구'와 같은 말들이 넘쳐나는 이유다. 그런데 이런 이름을 내건 연구소나 싱크탱크를 봐도 현실은 그저 다양한 분야의 전문가들이 '동거'하고 있을 뿐, 거기에서 뭔가 뛰어난 '학제적 어프로치'나 '종합적 어프로치' 기법이 개발되어 활용되고 있는 것은 아니다.

이런 문제 앞에서 나는 미국의 한 연구소에 나누었던 대화를 곧잘 떠올린다.

산타페 연구소가 찾는 '인재'

1997년경의 일이다. 나는 미국 뉴멕시코 주의 한적한 시골인 산타페의 한 연구소를 찾았다.

그 연구소는 세 사람의 노벨상 수상 학자가 설립했다.

노벨경제학상의 케네스 애로, 노벨물리학상의 머리 겔만.

그리고 같은 물리학상의 필립 앤더슨.

이 세 사람이 설립한 연구소는 당대 최첨단의 테마였던 '복잡계complex system'나 '복잡성complexity'을 대상으로 하는 학제적 연구를 진행하고 있었다.

그 이름도 '산타페 연구소.'

이 연구소에 근무하는 연구자들의 전공은 물리학, 화학, 생물학, 의학, 뇌과학, 심리학, 사회심리학, 인류학, 문화인류학, 사회학, 경제학, 정치학, 역사학, 정보과학 등 거의 모든 연구 분야를 아우르고 있었는데, 젊고 유능한 그들의 연구는 하나같이 노벨상 수상감이라 해도 좋을 정도였다.

그리고 이 연구소의 뛰어난 점은 바로 '학제적 어프로치'나 '종합적 어프로치'에 과감히 도전하는 스타일을 채택한 것이었다. 예컨대 이 연구소를 설립한 세 사람의 전문분야가 상징하듯이, 경제학자와 물리학자라는 상이한 분야의 전문가가 같은 테이블에 앉아 전문용어의 벽을 넘어 '복잡계'라는 테마를 놓고 자유롭고 솔직하게 논의하는 문화를 가지고 있었던 것이다.

이 연구소를 방문했을 때, 연구소의 설립자이기도 한 전 소장 조지 코완 박사와 만날 수 있었다.

코완 박사에게서 복잡계 연구나 연구소 운영에 대한 여러 가지 이야기를 들을 수 있었는데, 그와 나눈 대화에서 인상 깊은 것이 하나 있었다.

앞서 이야기한 것처럼, 산타페 연구소에는 노벨상 수상을 다툴 만한 우수한 연구자들이 거의 모든 연구 분야에서 모여 있었다. 그에게 이렇게 물어보았다.

"산타페 연구소에는 앞으로 어떤 분야의 전문가specialist가 더 필요할까요?"

코완 박사의 대답이 잊히지 않는다.

"이 연구소에 전문가specialist는 이미 충분히 있습니다. 우리가 정말로 필요로 하는 사람은 다양한 분야의 연구를 '통합'할 '슈퍼제너럴리스트'입니다."

나는 마음속 깊이 수긍하지 않을 수 없었다.

'슈퍼제너럴리스트.'

분명 그러한 인재가 요구되고 있는 것이다.
20세기에는 개별 분야의 '전문 지성'만으로 해결할 수 있는 문제는 대부분 해결을 보았다.

그렇기 때문에, 남아 있는 문제들은 대체로 개별 분야의 '전문 지성'만으로는 해결할 수 없는 '학제적 문제'일 것이다.

그리고 이 '학제적 문제'를 해결하기 위해서는 무엇보다도 개별 적 '전문 지성'의 '담'을 넘어 그것들을 통합할 '통합의 지성'이 필요한데, 코완 박사가 '슈퍼제너럴리스트'라고 부른 것도 역시 그런 '통합의 지성'을 가진 인재였을 것이다.

정확히 말하자면 그것은 다양한 전문분야를, 그 경계를 넘어 수평적으로 통합할 '수평통합의 지성'을 가진 인재일 것이다.

하지만 그 순간 나의 뇌리를 스친 것은 코완 박사가 말하는 '슈 퍼제너럴리스트'와는 다른, 또하나의 지성을 갖춘 '슈퍼제너럴 리스트'였다.

그렇다면 그것은 어떠한 인재일까?

'수직통합의 지성'을 갖춘 슈퍼제너럴리스트다.

제10화

'슈퍼제너럴리스트'란 어떤 인재인가?

영화 〈아폴로 13〉이 일깨우는 수직통합의 지성

'전문 지성'이 아니라 '통합의 지성'을 가진 인재.

그것도 '수평통합의 지성'이 아니라 '수직통합의 지성'을 가진

인재.

그것은 어떤 인재일까?

우선 영화의 한 장면에서 이야기를 시작해보자.

영화 〈아폴로 13〉이다.

론 하워드 감독, 톰 행크스 주연의 영화로, 1970년 4월에 일어난 달 탐사선 아폴로 13호의 사고를 그리고 있다.

이 영화에서 톰 행크스는 아폴로 13호의 선장 제임스 로벨 역을 맡아 〈필라델피아〉, 〈포레스트 검프〉에 이어 3년 연속으로 오스카(아카데미상 남우주연상)를 거머쥘 것으로 점쳐질 만큼 훌륭한 연기를 보여주었다. 그리고 한편으로는 에드 해리스가 당시 미 항공우주국(나사NASA)의 수석 비행관제관이었던 진 크랜츠를 연기했는데, 우리의 관심은 두 배우의 연기력이 아니라 이 진 크랜츠가 리더로서 아폴로 13호 사고에 어떻게 대처했는가 하는 점이다.

사고의 전말은 이렇다.

달을 향해 날아오른 아폴로 13호에서 돌연 산소 탱크 폭발사고가 일어나, 승조원들은 전력과 물 부족이라는 절망적 상황에 빠진다.

이 전대미문의 사고와 마주한 나사의 전문가들은 대책을 강구하며 갈피를 못 잡는 상황. 그때까지만 해도 미국을 통틀어 가장 우수한 스페셜리스트 집단이었던 이들은 일류 전문지식에

두뇌 회전도 빠르고, 날카로운 논리사고력이나 출중한 언어구사력과 함께, 이런저런 대안 제시에서도 설득력이 있었다.

그러나 이들도 전대미문의 사고 앞에서 해결책을 찾지 못한 채 허둥거리고 있다. 이런 상황 속에서 진 크랜츠는 이들을 한데 모아놓고 말한다.

"우리의 임무는 승조원 세 사람을 무사히 귀환시키는 것이다!"

그러고는 잇달아 돌출하는 난제를 놓고 전문가들의 지혜를 총동원하여 해결책을 찾아간다.

예를 들면 사령선과 달 착륙선의 이산화탄소 제거 필터의 구조 및 제원이 상이하다는 것.

이에 대해서도 아폴로 13호 내에서 활용 가능한 모든 부품이나 소재의 리스트를 작성하는 한편, 전문가들에게 그 문제를 해결할 응급장치를 만들게 한다.

그리고 대학에서 석·박사학위를 취득한 전문가들은 다양한 부품을 맞춰보며 궁리한 끝에 마침내 응급장치를 만들어낸다.

마치 어린이용 퍼즐 문제 같지만, 세 사람을 생환시키기 위해서는 반드시 해결해야 하는 과제다.

결국 진 크랜츠의 강한 리더십 아래, 전문가들은 전문지식을 총동원하고 지혜를 모아 문제를 하나하나 해결해나간다.

'영광스러운 실패'의 순간

그리하여 맞이한 마지막 장면.
아폴로 13호가 대기권에 재진입하고 있다.
그 순간에 전문가들은 소곤소곤 이야기를 나눈다.

"진입 각도가 몇 도라도 작으면 대기권에서 튕겨나가 우주미아가 돼버리고, 거꾸로 진입 각도가 너무 크면 대기와의 마찰열로 타버린다."

"아니, 이전 폭발로 인해 차열遮熱 패널의 일부가 파손되었다면 거기로 2000도에 이르는 화염이 들어와 승조원 셋은 그만 타죽는다."

"대기권에 진입해서 통신 불능의 블랙아웃 시간이 3분, 그 시간이 지나도 통신이 없다면 그들은 타죽은 것이다……"

"이것은 나사NASA가 맞이한 최대의 위기다."

이런 말들을 들으며 진 크랜츠는 세 승조원을 맞이하기 위해 제복 넥타이를 고쳐 매면서 나사의 전문가들에게 말한다.

"아니, 우리가 맞이하려고 하는 것은 나사의 역사에서 가장 영광스러운 순간이다!"

리더 한 사람의 훌륭한 모습.
자신의 임무를 명확히 정하고 그 임무를 완수하는 순간까지 결코 포기하지 않는 불굴의 신념.
탁월한 리더십의 한 순간.

그러는 찰나, 대기권에 재진입.
통신 불능의 블랙아웃이 시작된다.
1분 경과.
2분 경과.
마침내 통신이 복구되어야 할 3분……
그리고 3분이 경과.
그러나 통신은 복구되지 않는다.

나사의 관제 센터에는 '역시나……' 하는 절망감이 번지기 시작한다.

하지만 4분을 막 넘기려는 순간, 무선 잡음 속에 아폴로 13호로부터 통신이 잡힌다.

'여기는 아폴로 13호……'

대환성에 휩싸인 나사 관제 센터.

이것이 역사에 남은 '영광스러운 실패glorious failure'의 순간이다.
픽션이 아니라 역사에 새겨진 사실이다.

제11화

'수직통합의 지성'을 갖춘 슈퍼제너럴리스트

뛰어난 지성의 '일곱 가지 레벨의 사고'

이 역사적 순간을 살았던 한 사람, 이 영화에서 그려진 진 크랜츠의 모습은 우리에게 요구되는 '지성'의 모습을 상징적으로 보여준다.

이제껏 누구도 경험한 적 없는 전대미문의 사고.
절망적 극한상황에 놓인 세 승조원의 생명.
전문가들도 해결책을 찾아내지 못한, 상상을 뛰어넘는 난제.

이런 난제들 앞에서 나사의 전문가들을 이끌고 끈질기게 맞서, 결국 그것을 성공리에 해결해낸 인물.

'지성'이란, 좀처럼 답을 찾을 수 없는 물음에 대해 결코 포기하지 않고 그 물음을 계속 물어나가는 능력이다.
그런 의미의 '지성'을 그가 가지고 있었다는 것은 분명한 사실이다.
그러나 그것만이 아니다.
그의 자세는 뛰어난 '지성'이 갖춰야 할 또하나의 능력을 보여주고 있다.
그것은 무엇일까?

'수직통합'의 사고다.

그의 지성은 '수직통합'의 사고를 할 수 있다.
즉, 그는 다양한 수준의 사고를 능숙하게 취사선택하고 병행해나가면서 그것들을 단번에 통합할 수 있는 것이다.

다양한 수준의 사고란 다음과 같은 '일곱 가지 레벨의 사고'를 가리킨다.

첫째, 그는 아폴로 13호 사고가 일어난 직후, 극도로 짓눌리는 듯한 답답하고 비관적인 분위기에 휩싸인 전문가들에게 "우리의 임무는 승조원 세 사람을 무사히 귀환시키는 것이다!"라며 명확한 '비전'을 제시했다.

둘째, 승조원들을 생환시키기 위한 기본적인 '전략'으로, 사고가 일어난 장소에서 즉시 우주선을 되돌리는 '직접 중지'와, 달을 한 바퀴 돌아 지구로 되돌리는 '달 선회 중지'를 비교 검토하여, 최종적으로 기계선의 엔진 손상이 우려되는 상황에서 후자를 택했다.

셋째, 아폴로 13호의 전력소비를 최소한으로 줄이기 위한 구체적인 '전술'로, 지상의 아폴로 우주선 시뮬레이터를 사용해 시뮬레이션을 철저히 하도록 지시하고 전력소비를 최소화하는 수순을 확보하게 했다. 그리고 이런 철저한 시뮬레이션에 밤낮없이 몰두한 사람이 아폴로 13호 발사 직전에 풍진風疹 감염이 의심되어 존 스와이거트 비행사와 교체된 켄 매팅리 비행사였다는 것은 실로 감개무량하다.

넷째, 사령선과 달 착륙선의 이산화탄소 제거 필터의 구조가 상이하다는 문제에 직면하자, 전문가들을 모아 아폴로 13호에 있는 활용 가능한 모든 부품을 조합해 응급장치를 만들어내도록 했다. 이러한 개별 '기술'에 대해 해결책을 지시할 수 있었던 것도, 그가 비행관제관으로서 갖춰야 할 기술적 지식을 가지고 있었기 때문이다.

다섯째, 그는 절망적일 정도로 곤란한 문제에 하나하나 대응해나가는 관제 센터 현장에서, 비관적 분위기에 빠지기 쉬운 전문가들을 격려하면서 희망을 품고 소임을 다하게 하는 뛰어난 '인간력'을 가지고 있었다.

여섯째, 아폴로 13호의 대기권 재진입을 앞두고 "이것은 나사NASA가 맞이한 최대의 위기다"라고 말하는 전문가들을 상대로, 그는 "아니, 우리가 맞이하려는 나사의 역사에서 가장 영광스러운 순간이다!"라고 말하며 신념을 내보이는 그 훌륭한 '뜻志'도 새겨둘 만하다.

일곱째, 말할 나위 없이 이 '뜻'의 배후에 있는, '우주개발은 인류의 미래를 열어젖힌다'는 깊은 '사상', 그것을 그는 가지고 있었다.

요컨대, '사상' '비전' '뜻' '전략' '전술' '기술' '인간력'.

영화 〈아폴로 13〉에서 그려진 진 크랜츠는 이 '일곱 가지 레벨의 사고'를 멋지게 취사선택하면서 병행해나가 그것들을 순식간에 통합할 수 있었던 인물로, 그의 지성은 그런 '수직통합'의 사고를 갖추고 있었던 것이다.

자기한정이 억누르는 '재능의 개화'

또한 그것은 결코 진 크랜츠만의 능력이 아니다.

인생이나 일에서 부닥치는 '곤란한 문제'를 해결하기 위해 분투하는 지성은 이 '수직통합'의 사고를 갖추고 있다.

그리고 조직이나 사회의 '지난한 변혁'을 실현하는 지성도 이 '수직통합'의 사고를 갖추고 있다.

그러나 이렇게 말하면 의문을 품는 독자도 있을 것이다.

"일곱 가지 레벨의 사고를 모두 익히는 것은 힘에 부친다."

"일곱 가지 레벨의 사고를 취사선택하면서 병행해나가는 것은 더 버거운 일이다."

"일곱 가지 레벨의 사고를 순식간에 수직통합하는 것은 불가능하지 않을까."

그러나 이 '일곱 가지 레벨의 사고'를 익히는 것이 사실 그 정도로 어렵지는 않다.
단 한 가지만 이행해도 이 '일곱 가지 레벨의 사고'가 몸에 익기 시작한다.
그 한 가지란?

'자기한정'을 버린다.

그러니까 우리에게는 무의식적으로 자신의 사고를 자신에게 익숙한 듯한 '사고의 레벨'로 한정해버리는 경향이 있다.

예컨대, 이런 말을 입에 올리는 경향이다.

"나는 기술직이라서 비전이라든가 전략이라든가 하는 것들은 잘 모릅니다."
"나는 회사의 전략기획부 소속으로 현장의 구체적인 문제는 담당하지 않습니다."

"내 일은 정책의 입안으로, 행정 말단의 세세한 사정은 모릅니다."

"일은 사람이 전부입니다. 회사의 방침은 잘 모르지만, 어쨌거나 인간관계가 전부입니다."

"나에게는 뜻이 있습니다. 뜻이 있으면 필요한 것은 뭐라도 얻어간다고 생각합니다."

물론 이 하나하나는 모두 진지한 생각으로 하는 말이지만, 문제는 그 배후에 있는 무의식이다.

우리는 무심결에 자신의 사고를 자신에게 익숙한 듯한 '사고의 레벨'로 한정해버린다. 그리고 그 '자기한정' 때문에 자기 안에 잠자는 '가능성'을 꽃피우지 못한 채 끝나버린다.

가령 자신을 기술직이라 여기고 상사가 지시한 기술개발 과제에 매달리고 있는 젊은 엔지니어가 그 기업의 '기술전략'에 관심을 보이면서 나름대로 그 기업에 어떤 기술전략이 필요한지를 생각해본다면, 그 엔지니어의 '가능성'은 분명 꽃피기 시작할 것이다.

또 가령 자신의 전문은 전략 입안이라 믿으며 클라이언트가 만족할 수 있는 인사전략을 짜기 위해 애쓰는 젊은 컨설턴트가 그 기업의 '일선 부서'에 눈을 돌려 나름대로 그 기업의 부서에서는 어떤 생생한 인간관계가 꿈틀대고 있는지 생각해본다면, 그 컨설턴트의 '가능성'은 분명 꽃피기 시작할 것이다.

실은 지난날에 나 역시 그러했다.

나는 대학원에서 박사학위를 받고 서른 살에 민간기업에 취직한 '기술직'이었지만, '기술직이라는 자기한정'을 버리자 오늘에 이르는 길이 열렸다.

그러나 내가 '사상' '비전' '뜻' '전략' '전술' '기술' '인간력'이라는 '일곱 가지 레벨의 사고'를 취사선택하면서 병행해나가며 그것들을 순식간에 통합하는 훈련을 본격적으로 받기 시작한 것은 당시 갓 설립된 싱크탱크로 자리를 옮긴 후였다.

제12화

슈퍼제너럴리스트가 갖추어야 할 '일곱 가지 지성'

'싱크탱크'에서 '두탱크'로

나는 그 민간기업에서 9년간 근무한 다음, 1990년에 어느 싱크탱크의 설립에 참여했다.

새로 설립된 이 싱크탱크에서 우리가 내건 기치는 '두탱크'라는 비전이었다. 요컨대, '싱크탱크Think Tank'가 아니라 '두탱크Do Tank'다.

여기에서 우리가 지향한 것은 조사, 분석, 예측, 평가, 제언이라는 '데스크워크' 중심의 '싱크탱크'가 아니라 기술조사, 시장

분석, 사업예측 등에 기초해서 실제로 기술개발이나 상품개발, 시장개발, 사업개발 등에 나서는 '두뇌탱크'였다.

그리고 기본적인 전략으로는 '업종간 컨소시엄'을 꾸려 다양한 기업의 경영자원을 결집함으로써 '패키지 상품'이나 '토털서비스' 같은 기술개발이나 상품개발에 나서고, 각 회사의 '마케팅력'이나 '영업력'을 활용해 시장개발이나 사업개발에 나선다는 전략을 내걸었다.

이 싱크탱크에서는 1990년부터 2000년에 이르기까지 10년 동안 관련업종의 702개 사를 결집해 20개의 컨소시엄을 설립하고, 다양한 신사업이나 벤처기업을 탄생시켰다. 이런 벤처기업 가운데 몇몇은 이런저런 상을 받기도 했는데, 이런 '업종간 컨소시엄' 전략에 의한 비즈니스 인큐베이션' 활동에서 우리가 배운 것은 바로 '수직통합의 사고'였다.

현 실 을 움 직 이 기 위 한 ' 일 곱 가 지 사 고 '

그렇다면 그것은 어떤 식의 '사고'일까?

한 예로, 우리는 그런 활동의 일환으로 환경오염문제를 해결하기 위한 3개의 컨소시엄을 결성했는데, 이와 같은 컨소시엄을 꾸리고 신사업 개발에 나서기 위해서는 '사상' '비전' '뜻' '전략' '전술' '기술' '인간력'이라는 '일곱 가지 레벨의 사고'가 요구되었다.

(1) '사상' 레벨의 사고

요즘에는 해양이나 하천, 호수나 늪지대의 오염문제, 대기오염 문제는 웬만큼 해결을 보았지만, 토양오염문제의 해결에는 여전히 별다른 진척이 없다. 그러나 머지않아 이 토양오염문제가 사회적 쟁점으로 떠오르면서 문제 해결을 위한 '환경정화산업'의 필요성이 대두할 것이다.

(2) '비전' 레벨의 사고

이런 '환경정화산업'을 창출하기 위해서는 이제껏 유효한 해결책이 없었던 토양오염에 대처할 새로운 토양정화기술의 개발·도입이 불가결하다. 이런 기술이 실현된다면 오염토양 정화를 둘러싸고 새로운 시장이 생겨날 것이다. 시장규모는 초기에만 수천억 엔 규모일 것으로 예상된다.

(3) '뜻' 레벨의 사고

그렇다면 우리는 두탱크로서 이 오염토양 정화기술의 개발과 도입을 추진하여 토양오염이라는 사회적 문제의 해결에 공헌하고, 동시에 '환경정화산업'이라는 새로운 산업을 민간주도로 창출하는 것을 목표로 삼는다.

(4) '전략' 레벨의 사고

이 오염토양 정화기술의 개발과 도입을 추진할 전략으로 종합건설회사(제네콘), 엔지니어링 회사, 상사회사 등으로 업종간 컨소시엄을 결성하고, 이들 업종의 경영자원을 조합하여 기술개발이나 시장개발, 사업개발을 추진해나간다. 또한, 이 컨소시엄에는 주요관청에도 옵서버 참가를 요청한다.

(5) '전술' 레벨의 사고

이 컨소시엄에는 구체적으로 제네콘은 A사 등 5개 사, 엔지니어링 회사는 F사, 상사회사는 G사가 참여한다. 주요 정부부처로는 통산성과 환경청(모두 당시)이 참여한다.

(6) '기술' 레벨의 사고

이들 기업을 컨소시엄에 참여시키려면 각 회사를 설득해야 한다. 이를 위해서는 무엇보다도 매력적인 기획서를 제시해야 하는 만큼, 기획서 작성의 노하우가 중요하다. 또한 각 회사의 담당자와 담당 임원을 설득하기 위한 영업교섭 스킬도 중요하다.

(7) '인간력' 레벨의 사고

이 컨소시엄을 결성하기 위해서는 우선 제네콘 A사가 전면적으로 협력해야 하지만, 안타깝게도 A사의 담당 임원 H씨와는 면식이 없다. 기획서도 기획서지만 가까운 시일 내로 마련할 첫 미팅에서 우리가 H씨에게 인간적인 신뢰를 줄 수 있는지 여부가 관건이다.

슈퍼제너럴리스트의 지성으로

요컨대, 우리가 '싱크탱크'가 아닌 '두탱크'를 표방하며 '토양오염'이라는 사회적 문제를 현실적으로 '해결'하는 일에 나서고 '토양오염' 문제를 방치하는 사회구조를 '변혁'하려고 생각한 순간, 이 '일곱 가지 레벨의 사고'를 각각의 레벨에서 심화시키고 때로는 전체를 수직통합할 수 있는 능력이 우리에게 요구된 것이다.

달리 말하면, 우리는 토양오염이라는 사회적 문제를 조사, 분석, 예측, 평가, 제언하는 '싱크탱커의 지성'에서 탈피해, 그 문제를 현실적으로 해결하는 '슈퍼제너럴리스트의 지성'으로 변모하지 않으면 안 되었던 것이다.

제13화

어째서 경영자는 슈퍼제너럴리스트가 못 되는가?

경영자의 '흐지부지' 사고

여기서도 역시 앞에서 이야기한 내용에 의문을 품는 독자도 있을 것이다.

"사상, 비전, 뜻, 전략, 전술, 기술, 인간력이라는 '일곱 가지 레벨'의 사고가 필요하다고 하는데, 그러한 사고는 기업 경영자나 벤처 창업자, 현실의 변혁에 발 벗고 나선 리더라면 누구든 많건 적건 이미 가지고 있는 사고가 아닐까?"

물론 그렇다.

기업 경영자나 벤처 창업자, 변혁의 리더라면 누구든 많건 적건 이 '일곱 가지 레벨'의 사고를 하고 있다.

때로는 고전의 '사상'을 배우고, 때로는 회사의 '비전'을 그려보며, 때로는 자신의 '뜻'을 말하고, 때로는 기업의 '전략'을 세우고, 때로는 교섭의 '전술'을 간부들에게 지도하며, 때로는 영업의 '기술'을 사원들에게 가르치고, 때로는 조회 때 '인간력'에 대해 훈시한다.

이런 경영자나 창업자, 리더는 결코 적지 않을 것이다.

그렇다면 무엇이 문제일까?

감히 말해보자.

하나같이 '흐지부지'인 것이다.

기업 경영자나 벤처 창업자, 변혁의 리더라면 누구든 분명 많건 적건 이 '일곱 가지 레벨의 사고'를 하고 있을 것이다. 그러나 안타깝게도 그런 사고는 어느 것 하나 '흐지부지'로 끝나지 않는 것이 없다.

그럼, 무엇이 '흐지부지'인가?

여기서는 '세 가지 문제'를 이야기해보자.

극복해야 할 '세 가지 문제'

첫째로, '일곱 가지 레벨의 사고'에 조잡함과 정밀함이 섞여 있어 균형이 안 맞는 것.

즉, '일곱 가지 레벨의 사고'를 웬만큼 하고 있는 경영자나 창업자, 리더라도 이 '사상' '비전' '뜻' '전략' '전술' '기술' '인간력'이라는 일곱 가지 레벨의 사고력에 조잡함과 정밀함이 섞여 있어 전체적으로 균형이 안 맞는 것이다.

예를 들면, 수익을 올리기 위한 경영전략이나 영업전술에서는 탁월하지만, 높은 뜻이나 사명감, 나아가서는 인간력을 그다지 찾아볼 수 없는 경영자도 있다. 또 입에 올리는 비전이나 뜻은 훌륭해도 비즈니스맨으로서 갖춰야 할 기본적 기술이나 인간력이 부족한 창업자도 있다.

따라서 '일곱 가지 레벨의 사고'를 어느 정도는 하고 있는 경영자나 창업자, 리더라도 이 '사상' '비전' '뜻' '전략' '전술' '기술' '인간력', 즉 일곱 가지 레벨의 사고력을 균형적으로 익히고 닦아나갈 필요가 있다.

둘째로, '일곱 가지 레벨의 사고' 각각이 성숙되어 있지 않은 것.

예컨대, '사상'을 논해도 단순한 '교양'으로서의 사상을 이야기하는 데 그치는 경영자. '사상'이 '미래를 내다볼 수 있는 유용한 수단'임을 이해하지 못하는 경영자.

'비전'을 제시하려다가도 그저 '목표'를 제시하는 선에서 그치는 창업자. 추상적인 '이념'을 말하면서 '비전'을 말하고 있다고 착각하는 창업자. 처음부터 '비전'이란 무엇인지를 이해하지 못한 창업자.

'뜻'을 말한다고 해놓고 자신의 '야심'만 늘어놓는 리더.

'전략'을 논하고 있지만 정작 '전략'의 진정한 의미를 알지 못하는 경영자.

'전략'과 '전술'의 차이를 한낱 규모의 차이로만 여기는 창업자.

'기술'의 중요성은 알고 있지만, 그것을 갈고닦기 위한 '방법'은 모르는 리더.

'인간력'을 기르는 방법은 고전이나 유학, 종교 책을 읽는 것이라고 생각하는 경영자나 창업자, 리더.

이러한 경영자나 창업자, 리더들이 하고 있는 '일곱 가지 레벨의 사고'는 결코 깊이를 얻지 못할 것이다.

'수직통합의 사고'와 '사고의 왕복운동'

셋째로, '일곱 가지 레벨의 사고'가 시너지를 내지 못하는 것.

이 '일곱 가지 레벨의 사고'가 각각의 레벨에서만 깊어질 뿐, 서로 영향을 주고받는 시너지를 내지 못하고 있는 것이다.

그럼, 어떻게 하면 시너지 효과를 기대할 수 있을까?

사고의 '상향과정'과 '하향과정'을 중요하게 여기는 것이다.

그것을 실천하면 '수직통합의 사고'는 자연히 촉발된다.

그렇다면 '상향과정의 사고'란 무엇인가?

먼저 하위 레벨의 사고를 상위 레벨의 사고로 체크하는 것.

예를 들면 어떤 '전술'에 대해 그 전술이 기본전략을 해치는 일탈을 범하고 있지는 않은지 '전략'의 레벨에서 체크하는 것.

특정한 '비전'을 검토할 때 그 비전이 '사상' 레벨에서 예견될 수 있는 것인지 체크하는 것.

이러한 사고의 프로세스를 '상향과정의 사고'라 부른다.

이와 달리, '하향과정의 사고'란 상위 레벨의 사고를 하위 레벨의 사고로 체크하는 것이다.

예를 들면 어떤 '전략'을 검토할 때, 그 전략이 구체적인 '전술' 레벨에서 즉시 실행 가능한지 체크한다.

특정한 '전술'을 검토할 때, 그것을 실행할 수 있는 스킬이나 테크닉, 즉 충분한 '기술'이 있는지 체크한다.

이러한 사고의 프로세스를 '하향과정의 사고'라 부른다.

요컨대, '일곱 가지 레벨의 사고'를 할 때, 각각의 레벨에서 그저 막연히 사고하는 것이 아니라 '상향과정의 사고'와 '하향과정의 사고'를 섞으면서 '사고의 왕복운동'을 할 필요가 있다. 그러지 않으면 '일곱 가지 레벨의 사고'에서 시너지 효과가 생기지 않는다. 거꾸로 그것을 제대로 하면 자연히 '일곱 가지 레벨의 사고'가 수직통합되어갈 것이다.

슈퍼제너럴리스트의 '일곱 가지 지성'

이처럼 기업의 경영자나 벤처 창업자, 현실의 변혁을 꾀하는 리더라면 누구나 많건 적건 사상, 비전, 뜻, 전략, 전술, 기술, 인간력이라는 '일곱 가지 레벨의 사고'를 하고 있다.

그러나 이들 경영자나 창업자, 리더가 <u>현실의 문제를 해결하고 눈앞의 상황을 개혁하는 '슈퍼제너럴리스트'로 탈바꿈해나가기 위해서는</u>

(1) 일곱 가지 레벨의 사고를 균형 있게 익혀가고,

(2) 일곱 가지 레벨의 사고를 각각의 레벨에서 심화시켜나가며,

(3) 일곱 가지 레벨의 사고를 수직통합해 시너지를 창출해가야 한다.

그렇다면 이 세 가지를 어떻게 실현할 수 있을까?

다음번부터는 일곱 가지 레벨의 사고를 하나하나 거론하면서 그 사고를 심화시킬 방법과, 상하의 사고와도 수직통합할 수 있는 방법에 관해 이야기할 것이다.

그것은 달리 말하면, 슈퍼제너럴리스트로의 성장을 목표로 '일곱 가지 지성'을 닦는 것을 의미하며, 구체적으로는 '사상' '비전' '뜻' '전략' '전술' '기술' '인간력'의 각 레벨에서 지성을 닦는 행위를 일컫는다.

제14화

'예측'할 수 없는 미래를 '예견'하려면
어떻게 해야 하는가?

'교양'에서 '방법'으로

첫째로, '사상' 레벨의 지성을 어떻게 닦아야 하는가?

이는 심도 있는 물음이라서 간단히 답하기 어렵지만, 슈퍼제너
럴리스트가 지녀야 할 '문제해결의 지성', '변혁의 지성'이라는
관점에서 보면, 답은 의외로 명확하다.

'사상'이라는 것을 단순한 '교양'으로서 배우는 것이 아니라,

'방법'으로서 배우는 것이다.

구체적으로 말하면,

'미래를 예견하는 방법'으로서 배우는 것이다.

인류가 지난 수천 년의 역사 속에서 낳은 다양한 사상과 철학 안에는 우리가 사는 이 세계가, 삼라만상이, 어떻게 변화·발전하고 진보·진화해가는가 하는 '법칙'을 이야기한 것이 있다. 우리는 미래를 '예견'하려면 그것을 배워야 한다.

그런데 방금 '예견'이라는 단어를 썼다. '예측'이 아니다. 영어로 '예견'은 'foresee', '예측'은 'predict'다. 이 둘을 어떻게 구분할 수 있을까? 단적으로 말해보자.

우리는 미래의 '구체적 변화'를 '예측'할 수 없다. 그러나 미래의 '대국적 변화'를 '예견'할 수는 있다.

예컨대, 모래밭에서 모래로 산을 쌓는다.

산꼭대기와 산등성, 골짜기가 있는 조금 복잡한 지형의 모래
산이다.

그리고 그 꼭대기에서 물뿌리개로 물을 뿌린다. 비처럼 뿌린다.

이때 물은 어느 골짜기를 타고 얼마나 흐를까?

그것을 정확히 '예측'할 수는 없다.

그러나 <u>단 한 가지 확실한 '법칙'이 있다.</u>

<u>물은 낮은 데로 흐른다.</u>

그것은 틀림없는 법칙이다.

따라서 물이 모래 산 아래쪽으로 흘러가리라는 것은 '예견'할
수 있다.

<u>이것을 '대국관人局觀'이라고 한다.</u>

이처럼 우리는 미래의 '구체적 변화'를 '예측'할 수는 없을지라
도 미래의 '대국적 변화'를 '예견'할 수는 있다.

미래를 예견하는 '변증법'

그렇다면 '<u>미래를 예견하는 법칙</u>'을 이야기한 사상에는 어떠한

것이 있을까?

한 가지 사상을 소개해보자.

'변증법' 사상이다.

독일의 관념론 철학자 헤겔이 제창하여 일반적으로 '헤겔 변증법'이라고 불리는 사상이다.

이 헤겔 변증법에 '사물의 나선적螺旋的 발전의 법칙'이라는 것이 있다.

이는 알기 쉽게 말하자면 다음과 같은 법칙이다.

사물의 변화·발전, 진보·진화는 마치 '나선계단'을 오르는 것과 같이 일어난다.

나선계단을 오르는 사람을 옆에서 보고 있으면 그 사람은 위쪽으로 올라가고 있지만(진보·발전), 그 사람을 위에서 내려다보면 계단을 한 바퀴 돌아 원래 위치로 복귀한다(복고·부활).

다만 이것은 나선계단으로, 반드시 좀더 높은 곳을 향해 오른다는 사실에는 변함이 없다.

즉, 사물의 변화·발전과 진보·진화에서는 오래된 것이 새로운 가치를 품고 부활한다.

그것이 변증법의 '나선적 발전의 법칙'이다.

이 법칙에 해당하는 사례는 무수히 많겠지만, 특히 인터넷 세계는 '사례의 보물창고'라고 할 만하다.

가령 인터넷 세계에서 영역을 넓히고 있는 '경매'와 '역逆경매'는 어떠한가?

이런 경매도 과거에는 수백 명을 상대할 수밖에 없었지만, 지금은 인터넷 덕분에 수백만 명을 상대할 수도 있다.

역시 인터넷 세계에서 확산되고 있는 '이러닝'.

이는 단순한 '원격교육'이 아니다. 그 본질은 '개별학습'이다.

누구나 자신의 취미나 능력, 생활형편에 맞춰 배울 수 있다.

이것은 어떤 의미에서는 과거의 '서당'이나 '가정교사'가 부활한 것이다.

공업사회에서의 교육은 개인의 취미나 능력, 경제사정과 관계없이 일률적으로 이루어지는 '집단교육'이었지만, 지금은 다르다.

인터넷 덕분에 지금은 세계 유수 대학의 강의라도 편하게 앉아서 들을 수 있다.

또 누구나 매일 사용하고 있는 '이메일'.

이것은 지난날의 '편지 문화'가 부활한 것이다.

'이메일' 이전은 '전화 문화'로, 직접 말을 주고받는 식이었다.

그전에는 '편지 문화'로, 글로 써서 의사소통을 했다.

어쨌거나 이메일은 지구 반대편이라도 순식간에 전달된다. 수천 명에게도 동시에 전달되며, 쉽게 전송할 수 있다. 역시 나선 계단을 오르고 있는 것이다.

그리고 이 '오래된 것이 새로운 가치를 품고 부활하는' 것은 인터넷 세계로 국한되지 않는다.

가령 '재활용 문화'는 어떠한가?

일찍이 자원이 귀중했던 시대에는 자원 재활용이 생활의 상식이었다.

그러나 그후 대량생산·대량소비·대량폐기의 시대가 도래해 '재활용 문화'는 자취를 감추었지만, 이제는 지구환경의 악화로 '재활용 문화'가 부활하고 있다. 일신된 재활용 기술, 재활용 제도, 재활용 사업의 모습으로.

이처럼 '나선적 발전의 법칙'을 보여주는 사례는 너무 많아 일일이 거론하기도 어렵다. 관심 있는 독자는 졸저 『미래를 예견하는 '다섯 가지 법칙'』이나 『써먹는 변증법』 등을 참고하기 바란다. 이 두 책에서는 변증법의 다음과 같은 '5개 법칙'에 대해 소개하고 있다.

(1) '나선적 프로세스'에 의한 발전의 법칙
(2) '부정의 부정'에 의한 발전의 법칙
(3) '양에서 질로의 전화'에 의한 발전의 법칙
(4) '대립물의 상호침투'에 의한 발전의 법칙
(5) '모순의 지양'에 의한 발전의 법칙

'복잡계 사상'에 의한 미래 예견

그럼 여기에서 '미래를 예견하는 법칙'을 이야기한 사상으로서
한 가지를 더 든다면 무엇이 있을까?

'복잡계' 사상일 것이다.

이미 언급했지만, 이것은 오늘날 현대과학의 최첨단 테마로 떠
오르고 있는 '지知의 영역'이며, 자연과학과 사회과학, 인문과
학의 모든 분야를 가로지르는 학제적 연구가 진행되고 있는 연
구분야다.

이 사상은 기업, 시장, 사회 등의 시스템이 그 '복잡성complexity'을 더해갈수록 '생명적 시스템'으로서의 성질을 강화해, '자기조직화'나 '창발創發', '생태계 형성'이나 '상호진화', 나아가서는 시스템 한구석의 작은 움직임이 시스템 전체의 대변동을 초래하는 '나비효과'와 같은 성질을 나타내게 된다고 말한다.

이 '나비효과'는 이미 세계경제위기를 부른 리먼 쇼크에서 상징적으로 나타났지만, 시장에서 하나의 상품이 압도적 우위를 굳혀버리는 '로크인 현상'이나, 인터넷 커뮤니티에서 새로운 아이디어가 자연스럽게 생겨나는 '창발적 프로세스' 등으로도 나타나고 있다. 이 '복잡계' 사상은 기업, 시장, 사회가 앞으로 어떻게 변화할지를 이해하는 데 무척 유용한 관점을 제공할 것이다.

아쉽게도 이에 대한 상세한 설명은 생략한다. 관심 있는 독자는 졸저『복잡계의 지知』,『복잡계 경영』,『먼저 세계관부터 바꿔라』 등을 참고하면 좋을 것이다.

왜 '미 래'를 예견하는가?

그렇다면, 슈퍼제너럴리스트는 왜 이러한 '사상'을 배우고, 또 미래를 예견할 필요가 있는가?

미래를 예견하지 못하면 '비전'이나 '전략'을 그릴 수 없기 때문이다.

앞으로 세상은 어떤 쪽으로 가게 될까?

기업이나 시장, 사회는 어떻게 변화할까?

그것을 모르면 '비전'을 그릴 수도 없다. '전략'을 세울 수도 없다. 더구나 '뜻'을 정할 수도 없다.

지난날 내가 '미래예견'에 관한 책들(『앞으로 지식사회에서 무슨 일이 일어날까』, 『앞으로 시장전략은 어떻게 바뀔까』 등)을 펴낸 이유도 그 점에 있다.

미래를 예견하지 못하면 '비전'이나 '전략'을 그리지 못한다.

이 대목에서 당연한 이야기를 왜 하느냐고 지적할 독자도 있겠지만, 정작 미래를 예견하는 일은 소홀히 하면서도 비전을 그려보고 전략을 세우고 있는 기업과 개인이 적지 않다.

예를 들어보자.

몇 해 전, 어느 필름 제조사의 전략기획 담당자가 상담을 하러 왔다. '이제부터는 디지털 촬영이 대세를 이루겠지만, 그래도 어떻게든 필름을 계속 공급할 만한 새로운 시장을 뚫어볼 수 없을까' 하는 것이었다. 그러나 다들 알겠지만, 이제는 디지털카메라가 시장을 석권해 필름카메라는 모습을 감추었다. 이 담당자가 '디지털 혁명'의 본질을 이해하고 있었다면, 이런 식의 시대 흐름에 역행하는 전략사고는 싹트지 않았을 것이다.

또하나의 사례.

최근에 어느 중견 비즈니스맨이 상담을 청해왔다. 그는 이직을 고려하고 있었는데, 그것을 위해 전문지식을 쌓고 여러 가지 자격증을 따고 있었다. 그러면서 그런 지식과 자격증을 활용하면 이직에 성공할 것으로 기대하고 있었다. 그러나 지식사회란 '지식이 가치를 잃어가는 사회'다. 그가 유념해야 할 것은, 책을 읽고 '지식'을 익혀 자격을 얻는 것을 방침으로 삼아 젊은 세대와 동일한 레벨에서 경쟁할 것이 아니라, 그동안의 경험으로 얻은 '지혜'의 '재고조사'다. 그 역시 안타깝게도 시대의 흐름을 잘못 읽고 있는 것이다.

이와 관련해서 말하자면, '미래를 예견하는 사상'을 배워두면 특정한 분야의 전문지식이 없더라도 그 분야에서 장차 일어날 본질적 변화를 예견할 수 있다.

그런 사고방법을 바탕으로 쓴 책이 졸저『눈에 보이지 않는 자본주의』와『금융업의 진화: 열 가지 전략사고』다.

나는 경제학 전문가도 아니고 금융업 전문가도 아니지만, '미래를 예견하는 사상'을 활용해 경제와 자본주의의 미래, 금융업의 미래를 예견했던 것이다.

제15화

왜 '목표'와 '비전'을 혼동하는가?

'비전'에 관한 두 가지 오해

둘째로, '비전' 레벨의 지성을 어떻게 닦아야 할까?

우선 '비전'이라는 말의 의미를 바르게 이해해야 한다.

우리 주위에서 종종 보게 되는 장면을 소개하자.

어느 기업의 강당에서 사장이 사원 전체를 불러놓고 훈시를

하고 있다.

전날 회의에서 확정한 '21세기 비전 선언'을 사원들에게 역설한다.

말하자면, 이런 식이다. "우리 회사는 21세기 인류사회가 직면한 지구환경문제를 해결하는 데 이바지해야 하며, 나아가 지구친화적인 기업을 지향해야 한다."

듣고 있는 사원들이야 그 메시지에 이견은 없지만, 그렇다고 그런 '비전'에 기분이 고양될 턱도 없지 않은가.

또 어느 벤처기업에서는 창업자이기도 한 최고경영자CEO가 창업 멤버들을 불러놓고 열을 올리며 '창업 비전'을 밝히고 있다.

"우리는 5년 안에 전국적으로 100개의 점포를 열어, 이 업계의 선도기업으로 발돋움하고자 한다."

창업 멤버들은 하나같이 눈을 부릅뜬 채 이 '비전' 발표에 귀를 기울인다.

이처럼 사장이나 시이오는 기업의 리더로서 진지한 태도로 사원이나 구성원들에게 말을 건넨다. 그런 자세에는 경복할 만한 면이 있다.

그러나 이런 사장이나 시이오가 새겨둬야 할 것이 있다.
무엇일까?

이 두 사람이 말하고 있는 것은 사실 '비전'이 아니다.
사장이 말하고 있는 것은 '기업이념'이며, 시이오가 말하고 있는 것은 '사업목표'이다.
물론 '기업이념'도 '사업목표'도 다 중요하지만, 그것을 '비전'이라 할 수는 없다.

'비전'이란 희망사항이나 목표가 아니다

그렇다면 '비전'이란 무엇일까?

'비전'이란 '앞으로 무슨 일이 일어날까?'라는 물음에 대한 '객관적 사고'다.
그것은 'vision'의 말뜻 그대로 '내다봄', '선견성', '통찰력'이라는 의미를 가진 말이다.
즉, '비전'이란 미래에 대한 '객관적 사고'이지, '주관적 기대'나 '의지적 목표'가 아니다. 그것은 '앞으로 이런 일이 생기면 좋

겠다'는 바람도 아니고, '앞으로 이런 일을 벌이자'라는 목표도
아니다.

'비전'이란 어디까지나 '앞으로 무슨 일이 일어날까?'라는 물음
에 대한 객관적·이성적 사고라는 것을 이해할 필요가 있다.

그렇다면 왜 그것이 중요한가?

그것은 만약 우리가 기업이나 시장, 사회의 '문제'를 해결하려
하거나, 그러한 '문제'를 일으키는 기업이나 시장, 사회의 '구조'
를 변혁하고자 한다면, 무엇보다도 기업이나 시장, 사회가 '장
차 어떤 방향으로 변화할 것인지'를 통찰할 필요가 있기 때문
이다.

왜냐면 기업이나 시장, 사회가 변화해갈 방향이 내다보여서
'앞으로 무슨 일이 일어날지'를 알 수 있다면, 그 변화를 '순풍'
으로 삼아 나아가는 '전략'을 구상할 수 있기 때문이다. 그래
서 때로는 탁월한 전략으로 그 변화를 '좋은 방향'으로 이끌어
갈 수도 있다.

1995년에 시작된 '인터넷 혁명'을 예로 들어보자.

애초에 이것은 어떠한 혁명이었는가?

그리고 이 혁명은 앞으로 이 세상에 어떠한 변화를 가져올 것

인가?

앞으로 기업이나 시장, 사회에 어떠한 변화를 가져올 것인가?

이러한 것에 대한 통찰이 바로 '비전'이다.

그리고 그 비전이 보일 때 비로소 기업 경영자는 그 변화가 자사의 사업에 어떤 영향을 줄 것인지를 생각해 '기업전략'을 세울 수 있게 된다. 만약 취직을 앞둔 학생일 경우에는 그 변화가 자기 진로에 어떤 영향을 줄 것인지를 생각해 '개인전략'을 세울 수 있게 된다.

'인터넷 혁명'의 비전

그러면 인터넷 혁명은 앞으로 기업이나 시장, 사회에 어떠한 변화를 가져올까?

참고 정도로 간단히 이야기해보자.

인터넷 혁명의 본질은 '혁명'이라는 말 그대로 '권력의 이행移行'이다.

이 혁명으로 이제까지 '정보 약자'였던 소비자가 시장에서 '정보의 주도권'을 잡게 된다. 그 결과 기업이 정보의 주도권을 잡아왔던 '기업중심시장'은 소비자가 주도권을 잡는 '고객중심시장'으로 바뀐다.

고객중심시장에서는 인터넷을 통해 생산자가 소비자에게 '직판'을 할 수 있어서, 종래의 '소매업'이나 '도매업' 등에 종사하던 '중간업자'는 도태된다. 달리 말하면, 기업 입장에 서서 '판매대행'을 하는 사업자는 도태된다.

그러나 한편으로 이 새로운 시장에는 소비자의 입장에 서서 '구매대행' 서비스를 제공하는 사업자가 생긴다. '여행'이나 '독서', '건강' 등 소비자의 특정한 니즈와 관련된 상품과 서비스를 모두 갖춰놓고 정보를 제공하는 사업자다.

이 사업자는 종래의 '오래된 중간업자'(미들맨)가 아니라 '새로운 중간업자'(뉴미들맨)라 불리는, 시장의 새로운 키플레이어가 된다.

사실 현재 인터넷 세계에서 성장하고 있는 기업은 대부분 이러한 '뉴미들맨' 비즈니스 모델이나 '구매대행' 서비스를 제공하고 있다.

예컨대 아마존은 단순한 '인터넷 서점'이 아니라 '독서를 즐기고 싶은' 고객의 니즈에 부응해 다양한 서비스를 제공하는 뉴미들맨이다. 아마존은 신간도서 구매, 중고책 검색, 일반 유저들의 서평, 선호하는 저자의 신간안내, 관련서적 소개, 불필요한 서적 매각과 같은 서비스를 제공하여 성장해나간다.

따라서 이 새로운 '고객중심시장'에서 기업이 갖춰야 할 '전략'은 자사 고객의 본질적인 니즈를 파악해 그 니즈에 대한 '구매대행' 서비스를 제공하는 것이다. 그럼으로써 자사를 '뉴미들맨'으로 진화시키는 것이다.

인터넷 혁명과 '개인전략'

그렇다면 인터넷 혁명은 개인의 전략에 어떤 영향을 주는가? 그것은 앞에서도 이야기했다.

인터넷 혁명으로 '말로 드러나는 지식'은 급속히 가치를 잃어간다.

과거에는 기업에서 사원을 칭찬할 때 '두루 해박하다' 같은 말을 썼지만, 이러한 '지식의 양'이나 '기억력'을 추어올리는 말은 이제 사어가 되었다. 왜냐면 이제는 주머니 속 스마트폰으로 세계의 지식에 간편히 접근할 수 있기 때문이다.

따라서 인터넷 혁명은 '지식사회'를 가속화하지만, 이런 상황에 의해 '지식사회에서는 지식이 가치를 잃어간다'는 역설이 생긴다. 그러면 '말로 드러나는 지식'이 가치를 잃어가는 사회에서는 무엇이 가치를 지니게 될까?

'말로 드러나지 않는 지혜'이다.

그것이 앞에서 이직을 고려중인 중견 비즈니스맨에게 '지혜의 재고조사'를 권했던 까닭이기도 한데, 나이를 어느 정도 먹은 사람이 이직을 생각할 때 취해야 할 전략은, 젊은 비즈니스맨을 경쟁상대로 하는 '새로운 지식 배우기'가 아니라, '과거의 업무경험'을 철저히 돌아보고 자신의 회의력會議力, 교섭력, 프레젠테이션 능력, 영업력, 기획력, 프로젝트 매니지먼트 능력 같은 '재고조사'일 것이다.

적절한 개인전략은 '지식사회'에 대한 통찰적 비전이 있는 경우에만 수립되는 것이다.

각설하고, 인터넷 혁명이나 지식사회의 변화에 대한 '비전'이나 '무엇을 해야 하는가'에 대한 '전략'을 더 깊이 알고 싶은 독자는 졸저 『앞으로 무슨 일이 일어날까』 등을 참고하시기 바란다.

비전과 사상의 '왕복운동'

이처럼 '비전'이란 기업이나 시장, 사회에서 일어날 변화에 대한 객관적 사고이며 대국적 통찰이다.

그리고 이 객관적 사고나 대국적 통찰은 무엇보다도 '비전'의 상위에 있는 '사상'을 통해 이루어진다.

앞의 제14화에서 '사상'을 일컬어 '미래를 예견하는 방법'이라고 했는데, 그 방법에 근거해 미래를 예견함으로써 '앞으로 일어날 일'에 대한 객관적 사고나 대국적 통찰도 가능해진다. 그것이 '비전'이다.

따라서 독자가 이 '비전' 레벨의 지성을 닦아 '앞으로 일어날 일'에 관해 여러모로 사고할 때 결코 잊어서는 안 되는 것이 '사상' 레벨의 사고와 '비전' 레벨의 사고 사이의 왕복운동이다.

결국 '사상'에 기초한 '비전'을 구상하고 그 '비전'을 '사상'으로 체크하는 프로세스.

그것이 더없이 중요한 것이다.

그리고 다음으로 중요한 것이 '비전' 레벨의 사고와 '전략' 레벨의 사고, '뜻' 레벨의 사고 사이의 왕복운동이다.

제16화

'뜻'과 '야심'은 무엇이 다른가?

'뜻'과 '생각'의 차이

셋째로, '뜻' 레벨의 지성을 어떻게 닦아야 할까?

'뜻' 레벨의 사고란 '비전'으로서 내다본 '앞으로 일어날 일'의 시나리오들 가운데 개인의 의지나 기업의 의지에 따라 몇 가지 시나리오의 실현을, 즉 몇 가지 예견된 미래의 실현을 지향하는 사고이다.

이것을 이해하면 개인이 '뜻'을 품을 때 중요한 한 가지 관점이 보인다.

그것은 '뜻'과 '생각'은 다르다는 것이다.

앞에서도 언급했듯이, 나는 모 대학원에서 '사회적기업가론'을 강의하고 있고, 2003년에 '사회적기업가포럼'을 설립한 후로 10년 넘게 사회적기업가를 육성하고 지원해왔는데, 이따금 젊은 대학생으로부터 이런 상담을 받는다.

"선생님, 저는 세상에 도움이 되고 싶다는 뜻을 가지고 있는데, 과연 무엇을 하면 좋을까요?"

이 대학생의 생각은 원대하다. 그리고 최근 이러한 생각을 품는 젊은이가 늘고 있어서 마음이 훈훈해진다.

그러나 감히 말하자면 이 대학생이 품고 있는 것은 '뜻'이 아니라 '세상에 도움이 되고 싶다'는 '생각'에 지나지 않는다.

'뜻'이란 한층 구체적인 것이다.

예컨대, "우리는 이제 초고령사회로 가고 있지만, 돌봄care 인력은 아직 수가 적고 기술도 부족하다. 그래서 양질의 돌봄 서비스를 제공하는 인력을 육성하고 싶다"와 같은 것이다.

이것은 훌륭한 '뜻'이다. 미래의 비전을 그리면서 그 미래를 목표로 삼겠다는 의지가 명확하다.

"앞으로 지구온난화문제가 더욱 심각해질 것이다. 그래서 지역사회 차원의 에너지 절약을 실현할 비즈니스에 나서고 싶다."

이 역시 훌륭한 '뜻'이다. 역시 미래에 대한 비전을 세우고, 나아가 바람직한 미래상을 지향하는 의지가 명확하다.

따라서 개인이 '뜻'을 품을 때는 먼저 '뜻'과 '생각'의 차이를 이해한 다음, 구체적인 형태로 '뜻'을 품지 않으면 안 된다.

'뜻'과 '야심'의 혼동

그러면 경영자나 창업자가 '뜻'을 품을 때 중시해야 할 관점은 무엇일까?

'뜻'과 '야심'을 혼동하지 않는 것이다.

'뜻'과 '야심'은 무엇이 다른가?

예컨대, 한 창업자가 열을 올리며 창업 멤버에게 말한다.

"우리는 업계 넘버원을 지향한다! 시가총액 2천억 엔의 기업을!"

이 창업자의 마음가짐은 좋다. 창업 멤버의 의지도 드높아질 것이다.

그러나 이 창업자가 품고 있는 것은 '뜻'이 아니다.

그것은 '야심'이라 부를 만한 것이다.

한 경영자가 사원들 앞에서 확신에 찬 목소리로 말한다.

"우리 회사는 고령자의 인지능력장애를 개선할 획기적 치료법을 개발했습니다. 이 병으로 고통받는 환자와 그 가족은 너무도 많습니다. 이분들에게 희망을 드리는 것이 우리의 사명입니다."

사장의 말에 사원들은 깊이 감화되어 업무에 대한 용기를 얻었을 것이다.

여기에서 이 사장이 이야기하고 있는 것이 바로 '뜻'이다.

'뜻'과 '야심', 무엇이 다른가?

단적으로 말하자.

'야심'이란 자기 세대에 뭔가를 이루고자 하는 바람이다.

'뜻'이란 자기 세대에는 이룰 수 없을 만큼 멋진 무엇인가를 다음 세대에게 맡기는 '기원'이다.

'에 고'를 응 시 하 는 힘

그러면 왜 이 둘의 차이가 중요한가?

정말로 중요한 사업은 한 세대로 완수되지 않기 때문이다.
지구환경문제 해결. 새로운 에너지 사회의 실현.
고령사회의 의료나 돌봄. 미래 세대의 교육.
모두 한 세대에 이루어낼 만한 사업이 아니다.
그러나 그것은 세대에서 세대로 바통을 이어가서라도 반드시
이루어내야 할 중요한 사업이다.

그러나 한편으로 우리 마음속에는 '내 세대에 뭔가 멋진 일을
해내고 싶다', '그것으로 내가 누구인지를 보여주고 싶다'고 하
는 '에고(자아)'의 욕망이 있는 것도 사실이다.

'뜻' 레벨의 지성을 닦아나가려면 우선 마음속 깊이 웅크리고 있
는 '에고'를 똑바로 응시하는 것에서 출발하지 않으면 안 된다.

제17화

왜 '전략'이란 '싸우지 않기' 위한 사고인가?

'전략'이라는 말에 대한 오해

넷째로, '전략' 레벨의 지성을 어떻게 닦아야 할까?

지금까지 '사상', '비전', '뜻' 레벨의 지성을 닦는 법에 관해 이야기해왔는데, '변혁의 지성'이라는 의미에서는 이 '전략' 레벨의 지성이 아주 중요하다.

물론 깊은 '지성'을 배우고 명확한 '비전'을 세우고 원대한 '뜻'을 품는 것만으로는 '현실'을 변화시킬 수 없다. 현실을 변화시키기 위해서는 뛰어난 '전략'이 있어야만 한다.

그렇다면 '전략'이란 무엇인가?

이 물음에는 곧장 이런 답이 들려올지도 모르겠다.

'전략'이란 '싸움'에 이기기 위한 '책략'이다.

물론 이 정의가 잘못된 것은 아니지만 '전략' 레벨의 지성을 닦을 때는 완전히 다른 정의를 염두에 둬야 한다.
그것은 무엇인가?

'전략'이란 '싸움戰'을 '생략略'하는 것이다.

즉, '전략'이란 '어떻게 싸울까' 하는 사상이 아니라 '어떻게 싸우지 않을까' 하는 사고다.

이 책을 손에 쥔 독자라면 납득할 수 있을 것이다.
진정한 지성은 '상대를 때려눕혀 이기는' 데에 가치를 두는 것이 아니라 '쓸데없는 싸움을 벌이지 않고도 목적을 달성하는'

데에 가치를 둔다.

그러나 경영전략에 밝은 독자라면 이런 이야기에 찬동할 것이다.

"말씀하신 대로입니다. 경영자원을 헛되이 써버려서는 곤란합니다. 무용한 싸움은 극력 피해야겠지요."

이런 사고방식은 경영전략론의 상식이기도 하므로 결코 틀린 것이라 할 수 없다.
하지만 슈퍼제너럴리스트의 지성은 이와는 조금 다른 지점에 서 있다.
물론 경영자나 창업자는 경영자원을 허비하면 안 된다.
그러나 경영자나 창업자, 리더는 그와 같은 '경영자원론'을 논하기 전에 깊이 새겨둬야 할 것이 있다.

인생이 걸려 있다.

그것을 이해해둬야 할 것이다.
어떠한 전략이라도 거기에는 '여벌 없는 인생'이 걸려 있다.
거기에는 부하나 사원들의 '여벌 없는 인생의 시간'이 걸려 있다.

가령 우리가 상사로서 신상품개발 전략을 실행에 옮길 경우, 그 일에는 여러 부하들이 '여벌 없는 인생의 시간'을 바치게 된다.

우리가 경영자로서 신사업개발 전략을 실행에 옮길 경우, 그 일에는 많은 사원들이 '여벌 없는 인생의 시간'을 바치게 된다.

만약 우리가 그것을 이해한다면, '쓸데없는 싸움을 벌이지 않고 목적을 이루는 것'이 참으로 중요하다는 사실을 깨닫게 될 것이다.

'전략'이라 쓰고 '싸움을 생략함'이라고 읽는 까닭을 알 수 있을 것이다.

그리고 그것은 '전략' 레벨의 지성과 '인간력' 레벨의 지성을 '수직통합'한 슈퍼제너럴리스트가 반드시 견지해야 할 관점이기도 하다.

아니, '전략'만이 아니다. 모든 '비즈니스', 모든 '사업', 모든 '일'에 공통되는 진실이다.

거기에는 부하나 사원들의 '여벌 없는 인생의 시간'이 걸려 있다.

그것은 공통되는 진실일 것이다.

'등산'에서 '파도타기'로

여기에서는 '전략' 레벨의 지성을 닦을 때 또하나 이해해둬야 할 중요한 사실이 있다.

'전략사고의 패러다임'이 변했다는 것이다.

그것을 이해해야 한다.
무슨 일인가?

종래의 전략사고는 '등산의 전략사고'라고 부를 만한 것이었다. 요컨대, 마치 산에 오를 때처럼 지도를 펴서 지형을 숙지하고 목표가 될 봉우리를 정해서 그 봉우리를 향해 어떤 루트로 오를지 결정하는 전략사고였다.

하지만 이 세계의 변화가 급격하고 비연속적인데다 기업이나 조직을 둘러싼 환경도 예측 불능의 형태로 어지럽게 변하는 시대를 맞아, 이제까지 통용되던 '등산의 전략사고'로는 그러한 환경변화에 대응할 수 없게 되었다.

그렇다면 새 시대에는 어떠한 전략사고가 필요할까?

'파도타기의 전략사고'이다.

즉, 마치 서핑을 하듯, 시시각각 변화하는 파도의 형태를 몸으로 느껴가며 순간적으로 자세를 바꾸고 그 파도를 능숙하게 올라타서 뜻하는 방향으로 향해가는 전략사고이다.

단적으로 말하면, 제반 상황이 격변하는 시대에는 사흘 전에 세운 전략도 순식간에 낡은 것이 되어버린다. 따라서 환경변화가 완만하리라는 것을 전제한 '등산의 전략사고'로는 현실에 대처할 수 없으며, 시시각각 변화하는 환경에 재빠르게 대처해가는 '파도타기의 전략사고'로 전략사고의 패러다임을 바꾸지 않으면 안 된다.

이런 '전략사고의 패러다임 전환'에 관해 더 깊이 알고 싶은 독자는 졸저 『먼저 전략사고를 바꿔라』를 참고하시기 바란다.

'아트'로서의 전략

그러면 '등산의 전략사고'에서 '파도타기의 전략사고'로 전략사고의 패러다임이 바뀔 때, 슈퍼제너럴리스트가 '전략' 레벨의 지성에서 갖춰야 할 것은 무엇인가?

오해를 무릅쓰고 말해보자.

'전략적 반사신경'이다.

그런 지적知的 능력이 요구된다.

말하자면, 특정한 경영환경에서 책정된 '전략'을, 그런 경영환경에서 일어나는 변화를 제때에 읽어내고 그 변화에 대응해서 순간적으로 수정해나가는 능력이다.

그런 지적 능력은 과거와 같은 '등산의 전략사고' 시대에 유용했던 '논리적 사고 능력'이 아니라, 감히 말하자면 '직관적 감각'의 능력이다.

앞으로는 이 '직관적 감각'을 단련하는 것이 곧 '전략' 레벨의 지성을 닦는 것이기도 할 것이다.

내가 일찍이 '21세기에 전략은 최고의 아트가 될 것'이라고 내다본 것도 그런 취지에서였다.

제18화

왜 뛰어난 프로페셔널은 '상상력'이 풍부한가?

'상상력'이라는 지성

다섯째로, '전술' 레벨의 지성을 어떻게 닦아야 할까?

슈퍼제너럴리스트의 '수직통합' 사고에서는 '전략'을 세웠다 하면 즉각 '전술' 레벨로 구체화해간다. '상세한 행동계획'까지 함께 세워서.

그러면 이때 중요한 것은 무엇일까?

'상상력imagination'이다.

이쯤에서 에피소드 하나를 소개하고 싶다.

지난날 유명한 축구선수로 월드컵에도 세 번이나 출전했던 나카타 히데토시中田英壽의 이야기다.

현역시절의 나카타 선수는 주위 사람들로부터 "나카타는 뒤통수에도 눈이 붙어 있다"는 말을 들었다.

자기 진영을 향해 플레이할 때에도 등 뒤에 있는 자기 팀 포워드 선수의 움직임을 지켜보고 있는 양, 순간적으로 정확하게 패스하는 기량 때문에 그런 말을 들었던 것인데, 물론 뒤통수에도 눈이 붙어 있을 리 없다.

마치 '뒤통수에도 눈이 붙어 있는' 것처럼 플레이할 수 있는 것은 무엇보다도 그의 '상상력'이 월등했기 때문이다.

어느 순간 눈에 들어온 상대 팀 선수와 자기 팀 선수의 위치나 움직임을 의식했다가 그들이 시야에서 사라져도 각자 어떻게 움직이고 있을지를 순간적으로 '상상'한다. 그리고 그렇게 '상상'한 움직임에 맞게 절호의 타이밍으로 패스를 한다. 그런 탁월한 기량이 '뒤통수에도 눈이 붙어 있다'는 인상을 주는 것이다.

그런데 나카타 선수가 보여준 이 '상상력'은 사실 고도의 '지적 능력'이기도 하다. 그래서 요즘에는 축구경기 해설자가 선수를 칭찬할 때에 '저 선수는 상상력이 풍부한 플레이를 한다'는 식으로 말한다.

나 역시 어려서부터 축구를 해와서 하는 말이지만, 전에는 축구의 세계에서 이런 '이매지네이션' 같은 지적인 말은 쓰이지 않았다. 그것은 현대 축구가 과거의 '체력과 기술의 승부'였던 세계에서 '지적인 싸움'을 포함한 경기로 진화하고 있음을 의미할 것이다.

'고유명사'와 시뮬레이션

왜 이 에피소드를 소개했는가?

그것은 바로 '전술' 레벨의 지성에 요구되는 이 상상력이 비즈니스에서도 큰 의미를 가지기 때문이다.

어째서 그런가?

단적으로 말하자.

'전술'이란 '고유명사'로 말해야 하는 세계이기 때문이다.

'전략'과 '전술'의 차이에 대해서는 다양한 정의가 나와 있지만,

실무적으로 가장 유용한 정의는 구체적인 개인명이나 기업명, 조직명 같은 '고유명사'의 유무다.

앞에서 이야기한 업종간 컨소시엄의 사례를 들자면, 그러한 '컨소시엄을 결성해 패키지 상품을 개발하는' 것은 '전략' 레벨의 사고다.

그러나 'A사, B사, C사, D사로 관련업종 컨소시엄을 꾸리고 패키지 상품을 개발해서 B사와 C사의 고객 채널로 판매'한다는 식으로 '고유명사'를 붙인 사고는 '전술' 레벨의 사고다.

그렇다면 왜 '전술' 레벨의 사고에서는 '고유명사'가 불가결한가?

구체적인 '시뮬레이션'을 시행하기 위해서다.

예컨대, 앞의 사례에서 '이런 업종간 컨소시엄 기획서를 A사의 사업개발부 E부장에게 제안한다면 어떤 반응이 나올까?' 하고 상상해본다.

실제로 E부장과 만나 제안하기에 앞서, '사고 시뮬레이션'을 철저히 시행한다. 그리고 그 결과를 상상해보고, 그 결과에 근거해 실제 행동에 나서기 전에 '전술'을 수정하기도 한다.

그러나 이를 위해서는 '배경정보'나 '주변정보'를 중시해야 한다. 해당 인물이나 조직에서의 인간관계, 조직문화, 회사방침,

경쟁기업, 시장동향, 사회정세와 같은 정보가 중요하다.

예를 들면, 'E부장의 오른팔 F과장은 비용에 민감하다'는 정보가 들어온다. 그 정보에 따라, 업종간 컨소시엄의 참여를 요청할 때에는 참여비가 주요 관심사로 부각될 것이라고 상상할 수 있다. 그러면 A사에 대해서는 특별한 참여비를 제안하는 식으로 '전술'을 구체적으로 수정할 수 있는 것이다.

이처럼 '전술' 레벨의 지성이란 그 '전술'에 관한 '고유명사'나 '배경정보', '주변정보'를 활용해 '상상력'을 최대한으로 발동시켜 철저한 시뮬레이션을 시행할 수 있는 지성을 말한다.

그러나 유감스럽게도 '전술'을 이러한 수준에서 이해하고 있는 경영자나 리더, 프로페셔널이나 비즈니스맨은 드문 편이다.

왜 그럴까?

세상에 '전략사고'라는 말은 있어도 '전술사고'라는 말은 없기 때문이다.

그리하여 대부분의 경우에 사고는 '전략사고'에 그칠 뿐, 고유명사나 배경정보, 주변정보를 살려 '상상력'을 최대한으로 활용한 '시뮬레이션'으로는 나아가지 못하기 때문이다.

'반성력'이라는 지성

그러나 '전술' 레벨의 지성에서는 '상상력'이라는 지성 외에 또 하나의 지성도 요구된다.

'반성력'이라는 지성이다.

즉, '전술'을 구상하고 그 '전술'을 실행에 옮기면, 그것이 성공리에 진행되는 경우와 성공리에 진행되지 않는 경우가 있다. 그때 어떤 결과가 나오든 '전술' 실행의 경위를 자세히 돌아보며 그것을 사고 속에서 철저히 '추체험追體驗'한다. 그리고 그렇게 함으로써 '전술'의 개선책을 배우는 지성, 그것이 '반성력'이라는 지성이다.

이렇게 말하면 다소 추상적으로 들릴지도 모르지만, '상상력'과 '반성력'이라는 지성은 고객과 상담하러 오가는 길에서도 닦을 수 있는 것이다.

나는 싱크탱크에서 일하던 시절에 부하와 함께 고객 영업에 나설 때면 전차나 택시 안에서 반드시 이런 대화를 나누었다.

"오늘 상대편에서 나오는 분은 누구인가?"

"A부장과 B과장 그리고 C담당입니다."

"A부장과는 첫 대면이군. 어떤 분인가?"

"A부장은 성품이 온화한 편이지만 비용에는 엄격하다고 들었습니다."

"B과장은 저번 협상 때도 나왔는데 이번 우리 기획에 대한 반응은 어떤가?"

"B과장은 기술 전문이라서 이번 프로젝트에 큰 관심을 보이고 있지만, 아마도 결정권을 쥐고 있는 것 같지는 않습니다."

"결정권은 역시 A부장인가……"

"아니, 프로젝트 담당인 젊은 C씨의 의견이 결정적일 듯합니다."

"그럼, 오늘 협상에서는 비용문제부터 꺼내면서 저쪽에서 납득할 만한 제안을 하지. 기술문제에 대해서는 B과장의 의견을 들으면서 C씨의 반응을 잘 살피도록……"

이것이 '상상력'을 이용한 '시뮬레이션'이다.

그리고 돌아오는 전차나 택시 안에서는 이런 대화를 나누었다.

"협상 첫머리의 비용문제 제안에 대한 A부장의 반응에 대해서는 어떻게 생각하나?"

"예상대로 첫 반응은 좋았지만, 기술설명 부분에서 그런 날카로운 질문이 튀어나올 줄은 몰랐습니다."

"그렇지만 예상대로 B과장은 그 기술에 관심을 보였는데……"

"우리한테는 긍정적인 반응이지만, 아무래도 C담당은 납득할수 없다는 표정을 지어서, 어쩐지 신경이 쓰이는군요."

"나도 그런 느낌을 받았네. 내일 일찍 C담당에게 별도로 연락해서 우리 쪽 기술제안에 대한 솔직한 의견을 들어보면 어떨까."

"네, 알겠습니다."

이것이 '반성력'을 활용한 '추체험'이다.

다시 한번 정리한다.

특정한 '전략'에 따라 '전술'을 결정하기 위해서는 우선 구체적인 '고유명사'를 상정하고 그와 관련된 '배경정보'와 '주변정보'를 입수하여 '전략' 실행의 '시뮬레이션'을 철저히 시행해 '전술'의 최선책을 검토한다.

그리고 하나의 '전술'을 실행한 다음에는 그 경위를 자세히 돌아보고 철저한 '추체험'을 통해 '전술'의 개선책과 '새로운 전술의 가능성'을 검토한다.

그것이 '전략사고'가 아닌 '전술사고'인데, 이 '전술사고'에서 매우 중요한 것이 '상상력'과 '반성력'이다.

이 두 가지 힘을 대비적으로 이야기해보자.

'상상력'이란 미래에 일어날 사건의 전개를 구체적으로 상상하며, 거기에서 최선책을 고르는 힘이다.

'반성력'이란 과거에 일어난 사건의 경위를 자세히 추체험하여, 거기에서 개선책을 배우는 힘이다.

요컨대, '전술' 레벨의 지성이란 바로 '상상력'이라는 지성과 '반성력'이라는 지성이 '수레의 양 바퀴'처럼 움직이는 것이며, 이 '상상력'과 '반성력'을 갈고닦는 것이 '전술' 레벨의 지성을 닦기 위한 밑바탕이 된다.

이런 '전술사고'에 특별히 흥미가 있는 독자는 졸저 『기획력』이나 『영업력』 등을 참고하시기 바란다. 거기에서는 '시뮬레이션'이나 '신 메이킹' 기법과 함께 '추체험'이나 '반성' 기법에 대해서도 논하고 있다.

제19화

'지성'을 닦기 위한 '메타 지성'이란 무엇인가?

기술의 본질은 '말로 드러나지 않는 지혜'

여섯째로, '기술' 레벨의 지성을 어떻게 닦아야 하는가?

앞에서는 '전술' 레벨의 지성을 어떻게 닦아야 하는지에 대해
이야기했다.

하지만 '전술'을 실행에 옮길 때 곧장 문제가 되는 것이 '기술'
이다.

영어로는 '스킬'이나 '센스', '테크닉', '노하우' 등으로 불리는 능력.

대개는 '기획력'이나 '제안력', '교섭력', '영업력', 나아가서는 '프레젠테이션 능력'이나 '프로젝트 매니지먼트 능력'과 같이 주로 '~력'이라는 말로 이야기되는 능력.

하나같이 '전술'을 실행에 옮길 때 프로페셔널에 걸맞은 수준의 '기술'을 가지고 있는지 여부가 문제시된다.

아무리 뛰어난 '전략'을 입안하고 아무리 탁월한 '전술'을 구상해도 이 '기술'이 수반되지 않으면 우리는 '현실'을 변화시키기는커녕 눈앞의 '인간' 한 사람을 움직일 수도 없다.

그러면 어떻게 그 '기술'을 익혀 '기술' 레벨의 지성을 닦으면 좋을까?

그것을 생각하기 전에 우선 알아둬야 할 것이 있다.

'기술'의 본질은 '지식'이 아니라 '지혜'라는 것이다.

이미 제7화에서 말했듯이, '기술'의 본질은 '말로 드러나지 않는 지혜'이지 결코 '말로 드러나는 지식'이 아니다. 따라서 '기술'이란 '책'에서 배우는 것이 아니라 '경험'을 통해서만 배울 수 있는 것이다.

그러면 스킬이나 센스, 테크닉이나 노하우 같은 '기술'을 익히려면 그저 '경험'을 쌓기만 하면 되는가?

안타깝게도 그렇지는 않다.

경험만 풍부한 매니저

세상에는 '경험만 풍부한 매니저'가 존재한다.

한 예로, 지난날 어느 기업의 중견 매니저가 이직 상담을 청해
왔다.

당연히 화제는 그 사람의 '경력'에 이르렀다.

듣고 있자니 그는 실로 다채로운 경력을 가지고 있었다.

입사하자마자 공장 현장에서 일했다.

그후 본사로 돌아가 영업부에서 일하며 해외에서의 상품판매
에도 관여했다.

그런 경험 덕분에 해외지점에서도 근무했고, 귀국 후에는 사업
기획부에서 일했다.

상담 당시에는 사업기획부에서 신사업기획을 담당하고 있었다.

실로 다채로운 경력. 풍부한 경험.

그러나 어째서일까, 그에게서 전해져오지 않는 것이 있었다.

<u>'프로페셔널의 지혜'.</u>

그것이 전해져오지 않았다.

공장관리나 상품판매, 사업기획 등등, 어느 분야가 화제에 오르더라도 그 '경험'으로 손에 넣은 스킬이나 센스, 테크닉과 노하우를 담은 말은 없다. 본래 '기술'은 '말로 드러나지 않는 지혜'이기도 해서 반드시 명확하게 말로 표현될 수 있는 것은 아니지만, 그래도 무엇이든 '기술'을 익힌 사람에게서는 꼭 말이 아니더라도 뭔가 전해져오는 것이 있기 마련이다. 특히 프로페셔널 사이의 대화에서는 침묵 속에서도 그것이 전해져온다. 신체감각으로 느낄 수 있는 것이다.

그러나 이 중견 매니저에게서는 그런 '프로페셔널의 지혜'를 느낄 수 없었다.

이 사람은 무엇이 문제일까?

<u>'경험'을 '체험'하지 못한 것이다.</u>

그것이 그의 문제일 것이다.

즉, 공장관리나 상품판매, 사업기획 등등, 어떤 업무에 종사했더라도 그 '경험'이 사고의 표층에 머무른 탓에 깊은 레벨의

'프로페셔널의 기술'을 얻지 못했고, 따라서 '경험'을 '체험'으로 심화시킬 수도 없었던 것이다.

만약 그가 깊은 레벨의 '프로페셔널의 기술'을 가지고 있었다면 애써 묻지 않아도 다음과 같은 말을 입에 올렸을 것이다.

"공장관리라는 것은, 말하자면 '이삭줍기' 같은 것이지요."

"상품판매에서는 '이 상품을 팔아보자'라고 마음먹어본들, 좀처럼 팔리지 않더군요."

"사업기획, 아무리 치밀한 계획을 세워도 일단 시작하면 '뜻밖의 사건'의 연속이지요……."

이 중견 매니저의 입에서는 그런 '프로페셔널의 말'을 들을 수 없었다.

과거의 경험을 한낱 '추억담'처럼 이야기하는 그의 모습을 보면서, 그의 이직활동이 순탄치 않으리라 생각했다.

전설적인 투수의 '반성'

그러면, 그의 '경험'은 왜 '체험'될 수 없었을까?

'반성의 기법'을 몰랐기 때문이다.

하나의 경험을 그대로 간직한 채 마음속으로 '추체험'하면서 거기에서 얻는 '지혜'를 철저히 되새기는 스타일, 말하자면 '반성의 기법'이라고 부를 만한 것을 몸에 익히지 않았기 때문이다. 나름의 '경험'을 '반성의 기법'에 의해 '체험'으로 심화시키지 않는 것이다.

다만 이 대목에서 '반성의 기법'이라는 말에 다소간 의문을 품는 독자도 있을 것이다.

"반성에 기법 같은 것이 있을까?⋯⋯"

그렇다. '반성'에는 명확히 '기법'이라 불리는 것이 존재한다.
그리고 뛰어난 프로페셔널은 의식적이든 무의식적이든 '반성의 기법'을 매일 실천하고 있다.
일본 프로야구사에 이름을 남긴 왕년의 명투수 에나쓰 유타카 江夏豊를 예로 들어보자.
1971년 올스타전에서 타자 아홉을 연속해서 삼진으로 돌려세운 완벽한 투구.

1979년 일본시리즈 제7차전 9회말 노아웃 만루 상황에서의 극적인 셧아웃.

그런 전설적인 기록을 세운 명투수 에나쓰는 경기가 끝나면 자신의 모든 투구를 일일이 공들여 모니터링하며 '반성'을 했다고 한다.

비즈니스맨도 하루하루의 업무를 돌아보며 성실히 '반성'한다면 틀림없이 '프로페셔널의 기술'을 닦을 수 있는데도 그것을 실행하는 비즈니스맨은 많지 않다. 그것은 제5화에서 언급했듯이, 애초에 그런 '반성의 기술'을 실천하는 데 필요한 '정신의 스태미나'나 '정신의 에너지'를 갖추지 못한 탓이기도 하지만, 어쨌든 '반성'을 하지는 않는다.

'참회'나 '후회'와는 다른 '반성'

그런데 이 '반성'이라는 말의 의미를 오해하고 있는 비즈니스맨도 많다.

상사로부터 '이번 프로젝트의 실패를 반성하라!'는 지적을 받고도, '내 미숙함이 모두 드러났어……'라고만 여기는 부하가 있다. 이것은 '반성'이 아니라 '참회'일 따름이다.

혹은 이렇게 대응하는 부하도 있다. "두 번 다시 이런 고생은 하고 싶지 않습니다." 이것은 '반성'이 아니라 '후회'일 따름이다.

이런 이야기는 우스갯소리 같기도 하지만, '반성'이란 이런 주관적·감정적인 '참회'도 아니고, '후회'도 아니다. '반성'이란 어디까지나 객관적·이성적인 '지혜의 체득법'이다.

따라서 거기에는 명확히 '기법'이라 불리는 것이 존재한다.

문제는 그 '기법'을 체득했는지 여부다.

'사숙'이라는 기법

이 대목에서는 "지혜를 닦아서 얻는다고?"라며 의문을 품는 독자도 있을 것이다.

그렇다. '지혜'에는 '체득법'이라는 것이 존재한다.

'말로 드러나지 않는 지혜'

'책으로 배울 수 없는 지혜'

'경험으로만 얻을 수 있는 지혜'

라는 것을 체득하기 위한 '기법'이 존재한다.

그 하나가 방금 이야기한 '반성의 기법'이다.

또하나는 바로 '사숙私淑의 기법'이다.

'사숙'이란 '이 사람이 내 스승이다' 하고 마음에 두고 그 스승의 모습을 여러 각도에서 바라보며 '지혜'를 배우는 것이다.
이런 '사숙의 기법'에는 예컨대,

'스승으로부터는 우선 리듬감을, 다음으로 균형 감각을 배워라'
'스승의 '기술'뿐만 아니라 그 깊은 '마음속' 움직임을 주시하라'

와 같은 다양한 기법이 있는데, 이 '사숙의 기법'을 몸에 익혔는지 여부에 따라, 같은 프로페셔널 문하에서 훈련을 받더라도 성장 속도에서 큰 차이가 나게 된다.
나는 직업적인 입장에서 여러 분야의 일류 프로페셔널에 대한 이야기를 들을 기회가 있는데, 많은 프로페셔널이 공통적으로 입에 올리는 것은 젊은 시절에 사숙한 '스승' 이야기다.

"오늘의 내가 있는 것은 그 스승님 덕분이다."
"돌이켜보면 얼핏 사소해 보이는 가르침에도 큰 뜻이 담겨 있었다."

"일에 대해서는 참으로 엄한 스승이었다."

이처럼 일류 프로페셔널들은 하나같이 '훌륭한 스승'을 회고하지만, 한번 생각해보자.

그 '스승'들 아래에는 그런 일류로 성장한 '제자'들만 있었던 것은 아니다.

'스승'과 인연을 맺었다고 해서 누구나 일류 프로페셔널의 길을 걸은 것은 아니다.

이처럼 '제자'들의 인생 향로가 그렇게 갈린 것은 무엇 때문일까?

그것은 바로 '지혜의 체득법'을 몸에 익혔는지 여부에 달려 있었다.

그러니까 '스승'이라고 부를 만한 인물을 만나 그 인물의 모습에서 '프로페셔널의 지혜'를 다각도로 포착하는 '사숙의 기법', 그리고 스승 문하에서 겪은 '경험'들을 하나하나 철저히 돌아보며 깊은 레벨에서 '프로페셔널의 지혜'를 얻어, 그 '경험'을 '체험'으로까지 심화시키는 '반성의 기법'을 몸에 익혔는지 여부가 '제자'들의 인생 향로를 결정했던 것이다.

'지식의 공부법'에서 '지혜의 체득법'으로

그렇다면 '지혜의 체득법'의 본질은 무엇인가?

'지혜'를 손에 넣기 위한 '지혜'다.

그것이 본질일 것이다.

달리 말하면,

'메타 레벨의 지성'이다.

즉, 스킬이나 테크닉 같은 '기술' 레벨의 지성을 닦기 위해서는 일종의 '지혜의 체득법'인 '메타 레벨의 지성'을 갖추지 않으면 안 된다.

이런 '지혜의 체득법'이나 '반성의 기법', '사숙의 기법'에 대해서는 졸저 『꾸준히 성장해나가기 위한 77가지 말』과 『지적인 프로페셔널로 가는 전략』에서도 이야기했는데, 이 '지혜의 체득법'은 앞으로 더욱 중요해질 것이다.

그것은 이미 언급했듯이, '말로 드러나는 지식'이 점점 그 가치를 잃어가고 있기 때문이다.

인터넷 혁명으로 인해 이제 '말로 드러나는 지식'은 스마트폰 등으로 누구나 빠르고 쉽게 구할 수 있게 되었다.

그래서 '말로 드러나는 지식'이 가치를 잃어가는 시대에는 '말로 드러나지 않는 지혜'의 가치가 상대적으로 커지는 법이다.

그 '지혜'를 '경험'을 통해서 낚는 기법.

'지혜의 체득법'은 장차 더욱 요긴해질 것이다.

얼마 전 서점 서가를 가득 채운 책에 '공부법'이라는 제목이 붙어 있었다.

'말로 드러나는 지식'을 빠르고 정확하게 배우는 기법을 다룬 책이다.

'지능'과 '지식'으로 인간의 능력을 재는 '학력사회'나 '자격사회'에서는 이런 '지식의 공부법'이 요구되어왔다.

하지만 이미 막을 올린 '고도지식사회'에서 요구되는 것은 '지식의 공부법'이 아니라 '지혜의 체득법'이다.

그 '메타 레벨의 지성'을 갖출 때, '기술' 레벨의 지성을 닦으려는 노력도 시작된다.

제20화

왜 고전을 읽어도 '인간력'을 얻지 못하는가?

'인 간 력'을 닦 는 유 일 한 방 법

일곱째로, '인간력' 레벨의 지성을 어떻게 닦을 것인가?

이에 앞서 먼저 언급해두고 싶은 것이 있다.

'인간력 닦기' 하면 곧바로 '유학儒學' 운운하는 사람이 있는데, 앞에서 이야기했듯이 『논어』에 관한 책을 많이 읽어 '유학'을 배워도 그것은 어디까지나 '지식'으로서 배우는 데에 그칠 뿐,

결코 '지혜'로서의 '인간력'을 얻을 수 있는 것은 아니다.

그것을 가리켜 예로부터 '논어를 읽어도 논어를 모른다'고 했는데, 우리가 참으로 '인간력'을 닦고자 한다면, 해야 할 것은 단 한 가지다.

'마음의 움직임'을 알아차리는 훈련을 쌓는 것.

굳이 말하자면 그것뿐이다.
그렇다면 '마음의 움직임'이란 무엇인가?
세 가지가 있다.

'자기 마음'의 움직임.
'상대방 마음'의 움직임.
'집단의 마음'의 움직임.

'자기 마음'의 움직임을 알아차리는 훈련이란 무엇일까?
예를 들면 『논어』에서는 '번지르르 꾸민 말과 알랑거리는 낯에는 어진 마음이 드물다巧言令色, 鮮矣仁'고 했다.
그런데 남을 재단하는 말로, 예컨대 회사 동료를 비난할 때 '교언영색'이라는 말을 쓰는 사람이 적지 않다.

그러나 이런 유학의 말은 '자기 마음'을 차분히 들여다보기 위한 '거울'로 받아들여야 한다.

실제로 눈앞에 권력이나 금력을 가진 사람, 자신에게 이익이 될 것 같은 사람이 나타나면 마음속에서는 '에고'가 작동한다. 그리고 그 '에고'는 그 사람의 비위에 맞는 말을 고르게 한다.

그러한 '자기 마음'의 움직임을 섬세하게 알아차릴 수 있다면 이 말을 배운 의의가 있다. 그리고 그 움직임을 알아차린 순간, 교언영색으로 흐르려 하는 '에고'의 움직임이 점차 수그러든다.

이 '에고'라는 존재는 종종 우리 마음의 고통을 낳는 원흉이며, 남에게 해를 입히는 원인이 되는 골칫거리다.

그 때문에 '에고를 버리라!'며 종교적 메시지를 던지는 사람도 있지만, 사실 우리 마음속의 '에고'는 버릴 수가 없다. 저절로 사라지지도 않는다.

왜냐면 이 '에고'가 있기에 우리는 '살아 있는' 것이며, '생활해 나갈' 수 있기 때문이다.

'에고' 대처법

그럼, 우리는 이 골치 아픈 '에고'라는 존재에 어떻게 대처해야 할까?
처방은 단 한 가지다.

그저 조용히 응시하는 것.

'에고'의 움직임을 차분히 바라본다. 그것을 부정하려 들지 않고, 억압하려 하지 않고, 그저 차분히 바라본다. 말하자면 그 것뿐이다.
그렇게 하기만 하면 이상하리만치 '에고'의 움직임이 차분해진다.

실은 그것이 '내관內觀'이라는 훈련의 진정한 의미다.
그리고 이 '내관'을 통해서 '자기 마음'의 움직임을 알아차리는 훈련이나, '에고'의 움직임을 응시하는 훈련을 계속해나가는 것이 '인간력' 레벨의 지성을 닦기 위한 출발점이 된다.
예로부터 한 인간의 미숙함을 논할 때 '자신이 보이지 아니한다'고 했는데, 이 '자신이 보이지 아니한다'는 말의 진정한 의미는 '자기 에고의 움직임이 보이지 않는다'는 의미일 뿐이다. 왜냐면 마음속 '에고'는 그 움직임을 '그럴듯한 허울'이나 '정당한 논리'에 의해 '비슷한 꼴'을 지어 자신의 움직임을 숨기는 경향이 있기 때문이다.

예를 들어 라이벌 관계인 동기가 진행중인 프로젝트에서 작은 문제가 생긴 경우에 "프로젝트 매니저는 모든 책임을 져야 한다"며 정식으로 따진다면, 그 이면에서는 라이벌의 '활약'에 대한 '시기심'이 움직이고 있는 것이다.

그런 '에고'의 움직임까지 알아차리고 차분히 바라볼 줄 아는 '내관'의 힘을 기르는 것이 '인간력' 레벨의 지성을 닦기 위한 출발점이 된다.

요컨대 '자신이 보이는' 것이다.

그것은 '지성'의 원점이기도 하다.

'상대방의 마음'을 착각하는 이유

그럼, '자기 마음'을 알아차릴 수 있게 되면 무슨 일이 일어날까?

'상대방 마음'의 움직임도 알아차릴 수 있게 된다.

거꾸로 말하면 '자기 마음'의 움직임을 알아차리는 '내관'의 훈련을 거치지 않은 한, '상대방 마음'의 움직임을 알아차리는 힘도 얻을 수 없다.

여기서 '상대방 마음'의 움직임을 알아차린다는 것은 상대방이 하는 '표면적인 말' 너머에 있는 '본심의 움직임'을 알아차린다는 의미이며, 아무 말도 하지 않는 상대의 표정이나 몸짓에서 '본심의 움직임'을 알아차린다는 의미다.

그러나 우리가 '상대방 마음'의 움직임을 착각하는 것은 대개 자기 마음속의 '에고'가 '자기 입맛에 맞는 해석'이나 '자기에게 편한 해석'을 하기 때문이다.

예를 들어, 상사가 부하를 불러놓고 말하는 장면.

"내 매니지먼트에 개선해야 할 것이 있다면 기탄없이 말해보게."

그러자 부하는 조금 굳은 표정으로 이렇게 대답한다.

"글쎄요, 특별히 개선되었으면 하는 점은 없습니다. 대체로 만족하는 편입니다."

이 장면에서 자기 '에고'의 움직임이 보이지 않는 상사는 그 답

변을 납득한다. 부하가 본심을 억누른 채 상사의 장단에 맞춰 답한 것을 알아차리지 못한다. 안타깝게도 '에고'로 눈이 흐려진 것이다.

하지만 자기 '에고'의 움직임이 보이면 눈이 흐려지지 않는다.

부하의 말보다는 그 순간에 표정이 굳어지는 것을 눈치챈다.

부하가 본심을 드러내지 않는 것을 알아차린다.

이처럼 표면적인 말이나 표정 속에 감춰져 있는 '상대방 마음'의 움직임을 알아차리기 위해서는 우선 '자기 마음'의 움직임, '에고'의 움직임을 알아차릴 지성을 갖추지 않으면 안 된다.

'적절한 말'을 순간적으로 고르는 힘

그리고 '자기 마음'의 움직임을 알아차리고 '상대방 마음'의 움직임을 알아차리는 훈련을 거듭하면 자연히 '집단의 마음'의 움직임을 알아차리는 지성도 몸에 붙는다.

'집단의 마음'의 움직임을 알아차리는 지성이란 이른바 사람들이 모이는 곳의 '공기를 읽고' '분위기를 파악하는' '힘'이다. 이 힘은 말할 나위 없이 직장의 매니지먼트나 회사 경영에서 매니저나 경영자에게 요구되는 중요한 역량이기도 하다.

그런데 이같이 '자기 마음', '상대방 마음', '집단의 마음'의 움직임을 알아차리는 훈련을 쌓는 것은 '인간력' 레벨의 지성을 닦기 위한 가장 기본적인 훈련이다.

왜냐면 '상대방 마음'의 움직임을 알아차릴 수 있어야만 그 상대에게 가장 적절한 말을 건넬 수 있고, 가장 적절한 행위로 대응할 수 있기 때문이다. 그리고 '인간력'이란 바로 그 '가장 적절한 말'이나 '가장 적절한 행위'를 순간적으로 골라내는 능력일 따름이다.

'스킬 편향'이라는 말의 의미

그렇다면 나날의 업무 속에서 '인간력' 레벨의 지성을 닦을 수 있는 구체적 방법은 무엇일까?

이에 대한 답도 '수직통합'에 있다.

만약 하루하루의 일에서 '인간력' 레벨의 지성을 닦고자 한다면 우선 '기술' 레벨의 지성을 닦아야 한다.

왜냐면 '기술'을 잘 닦아나가다보면 반드시 '인간력 닦기'라는 과제에 부딪칠 것이기 때문이다.

예를 들어, 최근에 프레젠테이션 솜씨가 부쩍 좋아진 초급사원 다나카 군.
오늘도 고객 앞에서 멋진 프레젠테이션을 한다.
논리정연한 설명. 리듬감 좋은 화법.
잘 뻗어나가는 목소리. 허리를 꼿꼿이 편 당당한 자세.
치밀하게 준비된 슬라이드 쇼. 과부족 없는 정보제공.
훌륭한 프레젠테이션 스킬이다.
본인도 '나름의 성과'라 여기고 있다.
하지만 어찌된 까닭인지 백 명 남짓한 고객은 별로 달갑지 않다는 표정.
결국 별로 팔리지 않은 오늘의 상품.
행사장을 정리하고 조금은 낙심한 채 회사로 돌아가는 다나카 군.
전철 안에서도 줄곧 입을 다물고 있는 다나카 군을 지켜보던 상사 오카다 과장이 위로하듯 말을 건넨다.

"다나카 군, 오늘 프레젠테이션 좋았어. 내가 보기에도 정말 훌륭했어. 그렇지만 솔직히 말해서 다나카 군의 상품설명에는 어딘가 잘못된 데가 있는 것 같아. 뭐랄까, '위에서 내려다보며' 들이미는 느낌 있잖아. '가르치려 드는' 분위기가 전해져온단 말이지. 게다가 '팔아보자', '제발 좀 사시라' 하는 느낌까지 들어. 그래서는 고객들이 되레 물러서지 않을까⋯⋯."

오카다 과장의 말을 듣자, 다나카 군의 가슴에 뭔가 쿵 하고 떨어진다.
전에 고바야시 선배가 해준 말이 떠오른 것이다.

'스킬 편향'

다나카 군, 마음속으로 읊조린다.

"그래, 나는 '스킬 편향'으로 흘렀던 거야⋯⋯ 스킬만 닦다보니 정작 중요한, 고객에 대한 마인드가 미흡했어. 고객을 가르쳐서 어떻게든 팔아보려는 생각만 너무 앞섰지. 마음가짐이 근본적으로 잘못되었고. 겸허한 자세, 고객의 처지에서 생각하는 자세를 그만 놓치는 바람에⋯⋯ 아, 오늘 상품설명회, 조금 낙담했지만, 공부는 된 것 같네."

다나카 군은 다음번 상품설명회에서는 분명 좋은 성과를 낼 것이다.

이처럼 우리는 일상 업무 속에서 '기술' 레벨의 지성을 닦아나 가다보면 반드시 '인간력' 레벨의 지성을 닦아야 하는 과제에 부딪치게 된다.

그리고 '인간력' 레벨의 지성이 '뜻' 레벨의 지성과 깊이 얽혀 있다는 것도 곧 알게 된다.

그리고 언젠가 '사상' '비전' '뜻' '전략' '전술' '기술' '인간력'이라는 '일곱 가지 레벨의 지성'이 본래 수직통합된 '하나의 지성' 임을 간파하게 될 것이다.

제21화

당신은 어떤 '인격'으로 일하고 있는가?

'다중인격'의 매니지먼트

제14화에서 20화까지 '슈퍼제너럴리스트'가 지녀야 할 '일곱 가지 지성', 즉 '사상' '비전' '뜻' '전략' '전술' '기술' '인간력' 레벨의 지성을 닦는 방법에 관해 이야기했다.

그리고 21세기에 요구되는 인재인 '슈퍼제너럴리스트'는 이 '일곱 가지 레벨의 지성'을 균형 있게 익히고 마침내 그것들을 '수직통합'한 인재라고 말했다.

그러나 우리가 슈퍼제너럴리스트라는 인간상을 지향하기 위해서 익혀야만 할 것이 또하나 있다.

무엇일까?

'다중인격의 매니지먼트.'

이것이 요구된다.

이것은 이 책을 여기까지 읽어온 독자라면 자연스럽게 이해할 수 있을 것이다.

왜냐면, 예를 들어 '사상' 레벨의 지성을 발휘하는 순간에는 이 슈퍼제너럴리스트 중에서 '사상가 인격'이 나타나기 때문이다.

마찬가지로 '비전' 레벨의 지성을 발휘하는 순간에는 '미래학자 인격'이, '전략' 레벨에서는 '전략가 인격'이, '기술' 레벨에서는 '장인 인격'이 나타난다.

결코 놀랄 일이 아니다.

우리는 누구나 자기 안에 '하나 이상의 인격'을 가지고 있다.

예를 들어 회사에서는 수완 좋은 과장, 집에 돌아와서는 자식을 돌보는 아버지, 본가에 들르면 모친에게 응석을 부리는 셋째 아들. 이런 식으로 누구나 제 안에 '복수複數의 인격'을 가지고 있다.

문제는 그것의 자각 여부다.

여기에서 '다중인격'이라는 말을 사용하면, 이른바 정신병리학의 '다중인격'을 떠올리는 사람이 있을지도 모른다. 그것은 영화 〈레이징 케인〉이나 대니얼 키스의 논픽션 『빌리 밀리건』 등에서 그려진 정신병리이며, 한 인물 안에 '복수의 인격'이 있어서 그중 한 인격이 범죄를 저질러도, 특정한 때에 지배적이었던 인격이 다른 인격으로 전환되면 '범죄인격'일 때 무슨 짓을 벌였는지 전혀 기억하지 못하는 병리다.

이와 달리, 앞의 예에서처럼 '과장', '아버지', '셋째 아들'이라는 세 인격은 각각 서로의 존재와 상태를 이해하고 있어서 결코 정신병리라고 할 수는 없지만, 한 인물 안에 '복수의 인격'이 존재해서, 상황에 따라 특정한 인격이 전면에 나타나기 때문에 '다중인격'이라고 부를 수 있다. 그리고 상황에 따라 '다른 인격으로 대처하는' 자각적 행위가 가능하기 때문에, 나는 그것을 '다중인격의 매니지먼트'라고 부른다.

누구나 가지는 '복수의 인격'

그런데 그 의미에서 우리는 누구나 '다중인격'을 가지고 있지만, 어떤 직업에 종사하는가에 따라 겉으로 드러나는 인격이 확연히 달라지곤 한다. 예컨대, 노인복지시설의 요양보호사가 된 경우와 프로복서가 된 경우를 떠올려보면 이해하기 쉬울 것이다. 또 낮에는 요양보호사로 일하고 밤에는 복서로서 트레이닝을 하는 사람의 경우에는 낮과 밤의 인격이 크게 다를 것이다.

더구나 우리는 하나의 일에서조차 여러 인격을 사용한다.

특히 경영자의 직무는 그 전형일 것이다.

예컨대, 젊은 사원에게는 '다정한 아버지'와 같은 인격으로 대하지만, 경영회의에서는 '엄한 리더'의 인격이 전면에 나서는 것은 극히 자연스러운 모습일 것이다.

그리고 뛰어난 경영자나 창업자, 매니저나 리더는 누구든 의식적·무의식적으로 '다중인격의 매니지먼트'를 실행하고 있다. 그렇기 때문에 뛰어난 경영자나 창업자, 매니저나 리더의 모습을 그 인물의 '수행원'으로 일하면서 하루 동안 곁에서 지켜보고 있으면 그 사람의 인격이 바뀌는 순간을 몇 번이고 목격할 것이다.

나 역시 젊은 시절에 일개 비즈니스맨으로서 모 기업 경영자의 해외출장에 '수행원'으로 동행했는데, 그때 한 인물 안에 '자애심으로 가득찬 신앙인', '타고난 사교가', '통찰력 있는 사상가', '수완 좋은 경영자', '폭넓은 호사가', '연주도 즐기는 음악애호가' 등, 몇 가지 인격으로 바뀌는 모습을 보았다.

'기획회의'에서 나타나는 다중인격

이처럼 우리는 자기 안에 '복수의 인격'을 가진 채, 그런 여러 인격을 상황에 맞게 적절히 바꿔가면서 생활하거나 업무에 임하고 있다.

따라서 슈퍼제너럴리스트가 사상, 비전, 뜻, 전략, 전술, 기술, 인간력이라는 '일곱 가지 레벨의 지성'을 수직통합하는 것은 어떤 의미에서 '일곱 가지 레벨의 인격'을 적절히 바꿔가며 업무에 임하고 있는 것이라 할 수 있다.

제12화에서 소개한 나의 싱크탱크 재직 시절의 기획회의를 예로 들어보자.

이 기획회의를 돌아보면, '비전'이나 '전략'을 논의할 때와 '전술'이나 '기술'을 논의할 때는 회의를 주재하는 나 역시 분명하게 인격을 바꾸고 있었음을 알게 된다. '비전'이나 '전략'을 논의할 때는 분위기를 되도록 부드럽게 해서 자유로운 발상이 나올 수 있게 했지만, '전술'이나 '기술'을 논의할 때는 '자, 그럼 슬슬 리얼리티 체크를 해보자'는 식으로 치열한 분위기를 만들려고 했다. (여기에서 말하는 '리얼리티 체크'란 나의 조어로, '현실적인 전술의 관점에서 전략을 엄밀히 재검토하는 것'을 뜻한다.)

일반적으로 기획회의를 운영하는 노하우 가운데 '시작은 민주주의, 끝은 독재'라는 것이 있다. 기획회의 시작은 회의주재자로서 누구든 자유로이 의견을 낼 수 있는 민주적 분위기를 만들지만, 아이디어가 바닥나고 논의도 지지부진할 즈음부터는 그때까지의 논의를 건설적·생산적인 형태로 정리하지 않으면 안 된다. 따라서 기획회의 후반에 주재자는 남모르는 강인함을 가지고 논의를 매듭지을 필요가 있다. 그래서 '시작은 민주주의, 끝은 독재'라는 말이 있는 것이다.

이처럼 슈퍼제너럴리스트는 논의의 내용이나 주어진 과제, 혹은 문제 상황에 대응해 적절히 '인격'을 바꿔가며 대처한다. 물론 그것이 가능해지려면 나름의 훈련이 필요하다. 바로 '3단계 훈련'이다.

1단계는 자기 안에 있는 '다양한 인격'을 발견하고 그것을 의식적으로 응시하는 단계다. 우리는 모두 자기 안에서 어떠한 인격을, 그리고 몇 가지 인격의 존재를 느끼고 있을까? 그러한 문제의식을 가지고 자신을 바라보면 실은 하루의 생활 속에도 다양한 인격이 얼굴을 내밀고 있다는 것을 알게 될 것이다.

그것을 안다면, 이는 곧 자신의 인격이 바뀌는 순간을 의식하는 것이다. 또한 직장 동료나 친구와 함께 있을 때 그 동료나 친구의 인격이 바뀌는 순간을 의식하는 것도 하나의 훈련이 된다.

2단계는 필요한 때에 필요한 인격이 나타나 그 상황에 대처할 수 있게 되는 단계다.

그런데 나는 직업적인 입장에서 해마다 수많은 강연을 다니지만 강연 주제에 따라 몇 가지 인격을 구분하여 사용한다.

예를 들면 졸저 『우리는 왜 매니지먼트의 길을 걷는가』를 이야기할 때는 '경영자 인격'으로, 『미래를 개척하는 여러분에게』는 '교육자 인격', 『생명론 패러다임의 시대』는 '미래학자 인격', 『의사결정: 12가지 요령』은 '전략가 인격', 『눈에 보이지 않는 자본주의』는 '사상가 인격', 『잊힌 예지』는 '시인 인격'으로 각각 이야기를 풀어나간다.

3단계는 '복수의 인격이 바뀌는 상황'을 조금 떨어져서 바라보는 인격이 나타나는 단계다.

배우 세계에 이런 말이 있다고 한다.

'어떤 배역을 열정적으로 연기하는 내가 있다. 그런 '나'를 똑바로 지켜보는 또 한 명의 내가 있다.'

이 말도 3단계의 영역에 들지만, 원숙한 배우는 거기에 한마디 덧붙인다.

'그 두 사람의 나를 좀더 떨어진 곳에서 지켜보는 '나'가 있다면, 최고의 상태다.'

이 세번째 인격, 즉 복수의 인격을 조금 떨어져서 보고 있는 자신, 온전히 깨어서 지켜보고 있는 자신이 나타난다면, 이 '다중인격의 매니지먼트'도 어지간한 단계에 도달했다고 말할 수 있을 것이다.

제22화

왜 다중인격의 매니지먼트로
다채로운 재능이 꽃피는가?

'다중인격'과 '다채로운 재능'

'다중인격의 매니지먼트'를 갖추면 '수직통합'의 사고가 원활해지는 것은 물론이고 또하나의 큰 메리트가 있다.

다채로운 재능이 꽃핀다.

'다중인격multi personality'을 꽃피우면 '다채로운 재능multi talent'이 꽃피게 된다.

어째서 그런가?

'자기한정 의식'에서 해방되기 때문이다.

이렇게 말하면 무슨 의미인지 감을 못 잡는 독자도 있을지 모르겠다.
재밌는 에피소드를 통해 알기 쉽게 설명해보자.

어느 유치원에서 원생 다로와 하나코가 모래밭에서 놀고 있다.
원장 선생이 다가간다.
놀이가 끝나자 다로 군은 가지고 놀던 국자를 원래 자리인 상자에 넣어두려고 간다.
그것을 보고 원장 선생이 큰 목소리로 다로를 칭찬한다.

"야, 다로는 착한 아이구나!"

원장 선생의 말에 기쁜 듯 돌아보는 다로.
다로를 보고 원장 선생은 다시 한번 큰 목소리로 칭찬해준다.

"야, 다로 정말 착하네!"

그러자 줄곧 옆에 있던 하나코가 불만스러운 듯 원장 선생에게 말한다.

"선생님, 그러면 저는 나쁜 아이예요?"

웃음이 절로 나오는 귀여운 장면이지만, 실은 인간 심리의 미묘한 움직임을 잘 상징하고 있다.
그리고 '말'이라는 것의 무서움을 상징적으로 가르쳐주고 있다.
무엇을 가르쳐주는가?

'말'이 세계를 분절화하는 무서움.
그리고 그것이 '마음'을 지배해버리는 무서움.

그런 무서움을 가르쳐준다.

즉, 원장 선생이 "다로는 착한 아이네!"라고 말한 순간, 이 말이 세계를 '착한 아이'와 '나쁜 아이'로 나눠버린다. 철학적으로 말하면 '분절화'해버린다.
그 결과 '착한 아이' 다로는 기뻐하지만 '착한 아이'에 들지 못한 하나코는 분명 자신이 '나쁜 아이'가 되었다고 생각한다.

이 에피소드는 그 '말'과 '마음'의 미묘한 움직임이 자아내는 무서움을 가르쳐주고 있다.

그리고 문제는 이런 정신작용이 '말'과 '마음' 사이에서는 물론이고 '표층의식'과 '심층의식' 사이에서도 일어난다는 것이다.

앞의 표현을 빌리자면,

'표층의식'이 세계를 분절화하는 무서움.
그리고 그것이 '심층의식'을 지배해버리는 무서움.

그런 무서움을 이해할 필요가 있다.

'긍지 높은 기술직'의 자기한정

대기업에서 자주 사용되는 말에 '기술직', '사무직'이라는 말이 있다. 일반적으로 대학의 이공계를 나와 '기술직'으로 입사한 사람을 '기술직', 인문사회계를 나와 '사무직'으로 입사한 사람을 '사무직'이라 칭하는 관습이 있다.

그리고 기업의 회의 자리에서 이런 말도 자주 듣는다.

"기술직으로서 이 설계에 대해 한 말씀 드릴까 합니다만……."
"사무직으로서 이 계약에 대해서는 의견을 올리고 싶습니다만……."

둘 다 '기술직' 혹은 '사무직'으로서의 긍지를 보여주는 호감 가는 발언이지만, 한 가지 무서운 것이 있다.
앞서 이야기한 '정신작용'의 문제.

'기술직으로서'라는 말은 자신은 기술직 종사자이기 때문에 기술에 대해서는 나름의 식견을 가지고 있다는 긍정적 의미를 띤 말인데, 문제는 그 '표층의식'이 입에 올리는 말 속에서 다음과 같은 '심층의식'이 생겨나는 것이다.

'저는 기술직 종사자이므로 계약 같은 것은 모릅니다.……'

그러니까 우리가 표층의식에서 '어떤 능력을 긍정하는' 순간에 심층의식에서는 긍정된 능력과 상반되는 능력, 즉 '역逆의 능력을 부정하는' 마음의 움직임이 생긴다.
그리고 이것이 '자기한정의 심층의식'을 낳게 된다.

'페르소나'가 억압하는 재능

그런 '자기한정의 심층의식'이 '인격'의 매니지먼트에서도 일어난다.

예를 들면, 우리는 직장에서 '뛰어난 과장'이라는 '인격personality'을 골라 그것을 지배적인 페르소나(가면)로 삼아 일을 하고 있다. 그 경우에 '뛰어난 과장'이라는 '인격'에 수반되는 '재능talent'은 꽃을 피우게 될 것이다. '부하의 기분을 섬세하게 알아차리는 힘'이나 '따뜻한 말로 부하를 격려하는 힘' 같은 '재능'이다.

그러나 한편으로 우리가 이 '뛰어난 과장'이라는 '인격'만으로 일을 하고 있다면, 거꾸로 '수완 좋은 과장'이라는 '인격'에 수반되는 '재능', 예컨대 '부하를 이끌어나가는 힘'이나 '리스크에 대한 직관적 판단력'은 결코 꽃을 피우지 못할 것이다.

왜냐면 이 경우에도 '자기한정의 심층의식'이 생기기 때문이다.

"나에게는 부하의 기분을 알아차리는 힘이나 부하를 따뜻한 말로 격려하는 힘이 있지만, 부하를 이끌어나가는 힘이나 직관적 판단력은 없다."

그런 심층의식이다.

이 대목에서는 이미 언급한

'다중인격multi personality'을 꽃피우면 '다채로운 재능multi talent'
이 꽃피게 된다

라는 말의 의미도 이해할 수 있을 것이다.

요컨대, 자기 안에 있는 '복수의 인격'을 인정하고 받아들이면,
'자기한정의 심층의식'에서 해방되어 각각의 '인격'에 수반되는
'재능'을 어느 것 하나 억압하지 않고, 부정하지 않고 꽃피울
수 있는 것이다.

앞에서 '다중인격'이라는 말은 본래 정신병리학 용어라는 것을
이야기한 바 있다. 자기 안에 '복수의 인격'이 있음에도 서로
타他인격을 억압하고 있으므로 특정한 인격이 될 때에는 다른
인격의 자신은 완전히 잊어버리는 정신 상황을 '다중인격의 정
신병리'라고 부른다.

그러나 자기 안에 존재하는 '복수의 인격'을 자각해 어떤 것도
억압하지 않고 드러낼 수 있다면, 그것은 '정신의 병리'가 아니
라 '재능의 개화'를 가져온다.

즉, '다중인격의 매니지먼트'란 어떤 의미에서 우리 재능의 개화를 방해하고 억압하는 '심층의식'을 열어젖혀 해방하는 '기법'이며, 말하자면 '심층의식의 매니지먼트'인 것이다.

'천재'의 모습이 일깨워주는 것

인류 역사를 돌이켜보면 일찍이 '다채로운 재능'을 꽃피워 '천재'라 불린 사람들이 있다.
하지만 그들의 모습이 우리 같은 보통 사람들에게 그저 '아득히 먼 피안의 인간상'인 것만은 아니다.

왜 다빈치나 구카이空海는 그토록 다채로운 재능을 꽃피울 수 있었을까?

그런 수수께끼를 해명할 열쇠가 바로 '다중인격의 매니지먼트'에 있다.
다만 그 구체적 기법에 대해서는 더 설명할 지면이 없어 다음 기회로 미룬다. 이 기법의 실천에 흥미가 있다면 '다사카 숙塾'을 방문해보시기 바란다. 이 숙에는 '슈퍼제너럴리스트'로 성장하려는 경영자나 리더들이 전국에서 대거 모여들어 있다.

인류 역사에서 '천재'라고 불린 사람들은 돌연변이가 아니다. 그들은 인간이라면 누구나 가지고 있는 '가능성'을 일깨워준 사람들이다.

제23화

왜 슈퍼제너럴리스트의 지성은 현장에 있는가?

수 습 시 기 '최 고 의 배 움 터'

슈퍼제너럴리스트의 '일곱 가지 지성의 수직통합'과 '다중인격의 매니지먼트'를 어떻게 배워야 할까?
배움의 기법은 다양하겠지만, 여기서는 독자에게 가장 익숙할 법한 기법 하나만 이야기하자.
그리고 이것은 '다중인격'에 관한 이야기이므로 나 역시 '시인인격'의 문체를 시도해보려 한다.

내가 현실사회에 갓 나선 30여 년 전,
직장 상사와 나눈 대화를 그리워하며 떠올린다.

"어이, 그 자리 좁을 텐데.
저쪽 서랍 달린 책상 자리가 비었는데, 옮기면 어떨까?"
상사의 말에 웃으며 답했다.

"아니요. 여기도 괜찮습니다."

그러자 상사는 의아하다는 얼굴로 말했다.

"그럴 텐가, 그렇게 좁은 자리에? 뭐, 정 그렇다면야……."

다정하고 친절한 상사였다.
갓 입사한 내가 자기 옆의 좁은 자리에서
산더미 같은 서류에 파묻혀 일하고 있는 모습을 보고는 가엾
게 여겼을까.

조금 떨어진 곳에 서랍 달린 큰 책상 자리가 비어 있기에
그리 옮겨가는 편이 나한테도 한결 나을 걸로 생각한 것이다.

그러나 나는 결코 자리를 옮기고 싶지 않았다.

왜?

그 자리가 '최고의 배움터'였기 때문이다.

그 상사는 영업의 달인.

날마다 그가 받는 전화를 옆에서 듣고만 있어도 절로 공부가
되었다.

수주에 관한 전화.

현장 업무지시 전화.

고객한테서 걸려온 클레임 전화.

고객과 즐겁게 농담을 나누는 전화.

동료와 회식에 대해 상의하는 전화.

다양한 전화가 있었다.

이웃한 자리에서 서류업무를 보면서도

통화내용에는 언제나 귀를 쫑긋 세우고 있었다.

공부가 되었다.

전화통화의 리듬감.

교섭술의 밸런스 감각.

그리고 인간력. 상대의 마음을 끄는 인품.

거기에다 순간적으로 바뀌는 인격.

목소리 톤마저 바뀌던 그 모습.

공부가 되었다.

그래서 그 '최고의 배움터'를 잃고 싶지 않았다.

그래서 자리를 옮기고 싶지 않았다.

그 상사는 사회에 갓 나선 나에게 일의 스승이었다.

그 스승한테서 많은 것을 배웠다.

개별 '기술', 스킬이나 테크닉만 배운 것이 아니다.

'비전' '뜻' '전략' '전술' '기술' 그리고 '인간력'.

그런 다양한 레벨의 지성의 양식에 대해 배웠다.

그것도 '말'로 직접 가르쳐준 것이 아니다.

배움은 언제나 그 '옆모습'과 '뒷모습'에 있다.

그 상사는 나의 스승이었다.

예로부터 스승에 대해 하는 말이 있다.

'스승이란, 같은 방의 공기를 마시는 것.'

그대로다.
스승에게서 스킬이나 테크닉만을 배우려 해서는 안 된다.
그 전인적인 공기나 분위기를 포함해서 모든 것을 배워야 한다.

아무리 바빠도
이 상사가 점심을 함께하자 하면 거절하지 않았다.
농담하는 모습에서도 배울 것이 있었다.

한 사람의 스승을 사숙하다보면
언젠가 졸업 날이 찾아온다.
그리고 새로운 스승이 눈에 들어온다.

새로운 스승은 그 기업의 전무.
나중에 그 기업의 사장, 회장이 된 인물.

어째서인지 해외출장 때는 나를 '수행원'으로 지명해주었다.

'수행원'이란 단순한 '심부름꾼'이 아니다.
가능하다면 한 사람의 모든 것을 배울 수 있는 최고의 일.

전무는 폭넓은 교양의 소유자였다.
해외출장의 여로에서, 공항의 대합 라운지에서, 조식 레스토랑에서
한 젊은 비즈니스맨에게
이따금 '사상'을 말하고 '비전'을 말하고 '뜻'을 말했다.

그러나 해외기업과 교섭할 때에는 탁월한 전략가로 변신.
그 교섭 '전략'과 '전술'은 수습 시기의 젊은이에게
그야말로 눈에서 비늘이 벗겨지는 경험의 연속.
그 젊은이가 훗날 전략 프로페셔널의 길을 걷게 된 것은
모두 그 시절, 그 전무에게 받은 훈도의 선물.

'전략'이란 한낱 '논리사고'의 산물이 아니다.
'전략'이란 분명 하나의 '아트'다.

그것을 몸으로 배우던 나날.

'전략'이란 책이 아닌 몸으로 배우는 것임을 알게 된 나날.

그 전무는 스킬이나 테크닉에서도 탁월.

화술은 언제나 가슴이 뛰는 듯한 여운을 남긴다.

파티장에서 일순 청중을 휘어잡는 언변.

훗날 몇 권의 책을 펴내기에 이른 문장력.

그러나 이런 뛰어난 '기술' 이면에

뛰어난 '인간력'이 있음을 알아차렸을 때

스승에게 배워야 할 궁극적 경지를 알게 되었다.

그러나 이런 나의 경험에 대해 이렇게 생각할 독자가 있을지도 모르겠다.

"멋진 상사와의 운 좋은 만남이군요. 그러나 내 주변에 그런 상사는 없습니다."

정말로 그럴까.

물론 그 정도로 '지성의 수직통합'을 체현한 인물도 많지는 않으리라.

그러나 직장을 잘 살펴보면

역시 배울 점이 있는 인물은 적지 않다.

정작, 배우려는 의욕의 차이는 아닐까.

나는 언제나 나의 오늘이 있는 것은

그 영업의 달인, 그리고 그 전무와의 만남 덕분이라고 생각한다.

그리고 그것을 주저 없이 말한다.

그러다 문득 깨닫는다.

그 영업 달인의 부하는 나만이 아니었다.

그 전무의 부하는 나만이 아니었다.

혹여 미숙한 젊은이였던 내가 남들과 다른 점이 있었다면,

내 미숙함을 알고 배움의 의욕을 가지고 있었던 것인지도 모른다.

배우려는 의욕이 없으면

'수행원'의 일은 그저 '수행원'의 일.

하지만 배우려는 의욕이 있으면

'수행원'은 한 사람의 뛰어난 인물에게서 다양한 레벨의 지성
의 양식을 배우고

그것들을 수직통합하는 방법을 배우는 '최고의 일'.

21세기에 요구되는 인재, '슈퍼제너럴리스트'로 성장해가기 위
한 '최고의 기회'.

왜 슈퍼제너럴리스트의 지성은 현장에 있는가?

현장은 경영자나 리더에게 '일곱 가지 지성의 수직통합'을 요구
하기 때문이다.

그런 지성을 익히는 데 필요한 것은

직장을 주의 깊게 살펴 '수직통합의 지성'을 갖춘 '스승'을 지켜
보는 것.

그리고 사숙하는 것.

마음속으로 '이 사람이 내 스승이다'라고 상정하고

그 사람에게 탐욕스럽게 배운다.

때로는 그 스승이

'단골'이라 불리는 사람들 속에 있을지도 모른다.

그런 유연한 마음의 자세를 가지면

'사숙해야 할 스승'은 어디에나 있음을 알게 된다.

우리의 인생은 모두

'사람과의 만남'으로 결정된다.

하지만 그 '만남'은 우연히 주어지는 것이 아니다.

'성장하려는 마음.'

'만남'이란

이상할 정도로 마음이 끌리는 '연緣'.

그것이 생의 진실일 것이다.

제24화

왜 인류는 20세기에 문제를 해결할 수 없었는가?

세 계 에 충 격 을 준 한 권 의 책

우리 인생은 '사람과의 만남'으로 결정된다.

그리고 이따금 '책과의 만남'으로 결정되기도 한다.

내 인생을 바꾼 책 한 권이 있다.

40여 년 전에 발표되어 세계에 충격을 준 책.

『성장의 한계』.

세계적 싱크탱크인 로마클럽이 발표한 보고서.

데니스 메도스 교수 등에 의해 예견된 인류의 미래.

그 보고서가 예견한 미래는 충격적인 것이었다.

인류가 이대로 '성장'을 계속해나가면

인구폭발, 식량위기, 자원고갈, 에너지 부족, 환경파괴 등

'지구 규모의 문제들'에 의해

100년 이내에 경제성장은 한계에 달해

돌연 제어할 수 없는 인구감소가 일어날 것이다.

당시 세계에 커다란 충격을 준 이 보고서는

한 젊은이가 원자력공학의 길을 걷는 계기가 되었다.

그것도 원자력 환경문제를 해결하려는 길을.

'스리마일'도, '체르노빌'도, '후쿠시마'도 없었던 시대.

아직도 많은 사람이 원자력에서 희망을 찾던 시대였다.

그로부터 많은 세월이 지나 이미 예순을 넘긴 과거의 젊은이는

생각한다.

저 보고서가 발표되고 나서 40년 남짓.

우리는 그 보고서가 예견한 여러 가지 문제를 해결했는가?

우리는 여러 가지 문제의 해결을 방해하는 시스템을 변혁했는가?

안타깝게도 하나의 현실이 눈앞에 있다.
우리는 40년이라는 세월 동안 '지구 규모의 문제들'을 무엇 하나 해결하지 못했다.
어디 그뿐인가, '지구온난화' 문제로 상징되듯이,
문제는 더욱 심각해지고 있다.

왜 인류는 20세기에 문제를 해결할 수 없었는가?
물론 20세기를 살았던 사람들이 문제해결에 나서지 않았던 것은 아니다.
문제해결을 위한 '기술개발'.
문제해결을 위한 '제도개혁'.
20세기를 살았던 사람들은 그에 상응하는 노력을 다해왔다.
그것도 진실이다.

그렇다면 무엇이 문제인가?
그것이 이 책의 테마.

'지知의 변혁.'

요컨대, '기술의 상像'이나 '제도의 상'을 넘어
우리 인류의 '지知의 모습' 자체가 문제였던 것은 아닐까?
거기에 '문제 해결'과 '시스템 변혁'이 실현될 수 없는 뿌리 깊은
원인이 있었던 것은 아닐까?

그런 생각에서 21년 전에 낸 저서가 『생명론 패러다임의 시대』
이며, 17년 전에 낸 책이 『복잡계의 지知』였다.

'20세기의 지성'이 앓고 있던 '세 가지 병'

그렇다면 21세기 우리 인류의 '지의 모습'은 어떻게 바뀌어야
할까?

'분리의 병.'

우리는 먼저 그것을 극복해야만 한다.
20세기 '지의 실상'은 '세 가지 분리의 병'을 앓고 있었다.

첫째는 '지知와 지의 분리'. 바꿔 말하면 '전문주의' 병.

본래 하나여야 할 지의 세계가 세세한 전문영역으로 분절되어
버려, 아무리 '학제연구'나 '종합적 어프로치'라는 말을 내걸어
도 실제로는 '전문의식'의 울타리에 가로막혀 서로 대화와 협력
을 하지 않는 병이다.

둘째는 '지와 행行의 분리'. 바꿔 말하면 '분업주의' 병.

'논리'를 담당하는 인간과 '실천'을 담당하는 인간이 분업을 해
버리는 병.

예컨대 정책입안자와 행정직원, 경영학자와 경영자, 사회평론
가와 사회활동가.

그 결과 '실천'의 검증으로 '논리'를 단련할 수 없게 되며,

'행동'으로 '인식'을 심화시켜갈 수 없게 되는 병이 진행되어
간다.

셋째는 '지와 정情의 분리'. 바꿔 말하면 '객관주의' 병.

기업이나 시장, 사회나 역사에 관한 '이론'을 객관적인 관점에
서 이야기하는 인간이 그 기업이나 시장, 사회나 역사의 '현장'
에서 여벌 없는 인생을 짊어진 채, 희로애락의 감정을 가지고
생활하는, 살아 있는 인간이 존재함을 망각해버리는 병이다.

그 결과 '사원을 쓰고 버리는 경영전략론', '소비자경시 시장전략론', '주민부재 정책론', '인간관결여 역사론' 등이 생겨난다.

이것이 20세기 '지의 실상'이 앓고 있었던 '세 가지 분리의 병'이다.

그러면 21세기의 우리는 이 '세 가지 분리의 병'을 어떻게 극복할 것인가?

그 방법은 다양하겠지만, 절대 잊어서는 안 되는 것이 하나있다.

간디가 남긴 말.

"당신이 이 세상에서 보기를 바라는 변화, 그 변화대상을 당신 자신으로 정하십시오."

그렇다.

우리가 '21세기 지의 모습'을 논하는 것이라면, 우선 우리 자신이 그 '21세기 지의 모습'을 실천하고 체현하는 인간이 되어야 할 것이다.

그런 인간상의 하나가 '슈퍼제너럴리스트'다.
'지와 지'의 결합.
'지와 행'의 합일.
'지와 정'을 일체화한 인간상.
즉 '일곱 가지 레벨의 지성'을 수직통합한 인간상.
우리는 그 새로운 인간상을 지향해 성장하지 않으면 안 된다.

그렇다면, 우리는 어떻게 해야 이 '슈퍼제너럴리스트'의 지성을 닦아나갈 수 있을까?

그것이 20세기가 해결하지 못한 여러 가지 문제 앞에서 인류의 '지의 향방'을 묻는 일과 함께, 우리 한 사람 한 사람이 스스로 에게 던져야 할 물음일 것이다.

제25화

'21세기 지성'이란 어떠한 지성인가?

어느 사상가의 묘비명

이제 이 책도 마지막 이야기에 이르렀다.

이 책의 주제는 '지성을 닦다'.

여기에 이르기까지 줄곧 '지성이란 무엇인가?', '어떻게 지성을 닦으면 좋을까?' 하는 물음에 대해 독자와 함께 생각해왔다.

마지막으로 다음과 같은 물음을 던져보고 싶다.

'지성은 왜 필요한 것인가?'

이 물음을 생각하면 내 마음에는 44년 전의 광경 하나가 떠오른다.

대학 1학년 때의 여름, 나이 열여덟에 친구와 함께 유럽 여행에 나섰다.
가난한 두 학생의 소박한 여행이었지만, 어쨌든 첫 해외 여행.
보고 듣는 모든 것이 신선한, 즐거운 여행이었다.
비행기로 덴마크에 내린 후, 배편을 이용해 핀란드와 스웨덴을 둘러보고는 철도로 노르웨이, 독일, 프랑스를 돌았다.
최후 목적지는 영국 런던.

런던을 찾는다면 꼭 한번 가보고 싶은 곳이 있었다.
런던 교외의 숲속에 고요히 자리잡은 곳.

하이게이트 묘지.

왜 이 묘지를 방문하려 했을까?

여기에 인류 역사를 바꾼 한 사상가가 잠들어 있었기 때문이다.
이 묘지를 찾아 그의 묘비 앞에 섰을 때 눈에 들어온 것은, 책
에서 여러 번 읽은 유명한 문장이었다.
이 사상가가 자신의 저작에 남긴 말.

철학자들은 이제껏 세계를 '해석'해왔을 뿐이다.
중요한 것은 세계를 '변혁'하는 것이다.

The philosophers have only interpreted the world in
various ways.
The point is to change it.

이 묘에 잠든 사상가는 카를 마르크스.

때는 1970년.
많은 학생이 정치운동에 투신하던 시절.
학생들은 기본 교양으로 여기며 마르크스의 저작을 읽고 이
말을 접했다.

그 시절 많은 학생과 마찬가지로 나 또한 마르크스의 저작을 읽으며 이 말과 만났다.

그러나 이 말을 그의 묘에서 접한 순간, 마음 깊숙이 하나의 생각이 뿌리를 내렸다.

세계를 '해석'하는 것으로 그쳐서는 안 된다.

세계를 '변혁'할 힘을 갖추지 않으면 안 된다.

'해석의 지성'에서 '변혁의 지성'으로

현재의 나는 마르크스주의자도 아니고 사회주의자도 아니다.

그날 이후의 세월 속에서 마르크스주의라는 사상의 한계도 깊이 알게 되었다.

하지만 지금 돌이켜봐도, 사상가 마르크스의 이 말은 진실을 담고 있다.

그리고 지금 이 책을 쓰면서 돌아보면, 그의 이 묘비명은 다음과 같은 말로 들려온다.

'지성'은 이제껏 세계를 '해석'해왔을 뿐이다.

중요한 것은 세계를 '변혁'하는 것이다.

분명 그렇지 않은가.

애초에 인간에게는 왜 '지성'이라는 것이 주어졌을까?

그것은 단지 인생이나 일에서 직면하는 문제를 '해석'하기 위해서가 아니다.
무엇보다도 그 문제를 '해결'하기 위해서일 것이다.
그 '해결'을 위해 자신의 존재방식을 '변혁'하기 위해서일 것이다.

왜 인류에게는 '지성'이라는 것이 주어졌을까?

그것은 단지 인류가 직면하는 문제를 '해석'하기 위해서가 아니다.
무엇보다도 그 문제를 '해결'하기 위해서일 것이다.
그 '해결'을 위해 인류사회의 모습을 '변혁'하기 위해서일 것이다.
그렇다면, '지성'이라는 것은 그저 세계를 '해석'하기 위한 것이어서는 안 된다.

'지성'이라는 것은 이 세계를 '변혁'하기 위한 것이어야만 한다.

그러나 돌이켜보면 20세기의 '지성'은 어떻게 세계를 '해석'할 것인가 하는 '지의 힘'에 역점이 두어져, 어떻게 세계를 '변혁' 할 것인가 하는 '지의 힘'은 그다지 평가되지 못했다.

그렇다면 우리는 21세기에 '지성'의 정의를 심화시켜가야 하지 않을까?

만약 그것을 감히 '20세기 지성'에서 '21세기 지성'으로의 심화 라고 부른다면, 그것은 '해석의 지성'에서 '변혁의 지성'으로의 심화라고 부를 수도 있겠다.

'21세기 지성'으로의 심화, 즉 '일곱 가지 레벨의 지성'을 수직 통합한 '변혁의 지성'으로의 심화를 우리 인류는 어떻게 하면 실현할 수 있을까?

우리 한 사람 한 사람이 '변혁의 지성'을 체현한 '슈퍼제너럴리 스트'로 성장해가는 것.

그것이 출발점일 것이다.

그러면 그 앞에는 어떠한 세계가 펼쳐져 있을까?

그 '답 없는 물음'을 마음에 품고 이 책을 썼다.

그 답을 찾아 헤맨 여로.

그 까마득한 여로는 계속된다.

먼저 이 책을 출간한 고분샤의 관계자 여러분에게 감사를 표합니다.

나의 가족에게도 감사의 마음을 전합니다.

이제 이 후지에도 신록의 계절이 돌아오려 합니다.

나무들도 개화의 순간을 기다리고 있습니다.

숲에서는 상쾌한 봄바람이 불어옵니다.

머지않아 꾀꼬리도 울기 시작할 테지요.

끝으로, 이미 타계한 양친께 이 책을 바칩니다.

'답 없는 물음'을 물어나가는 것.
평생 물어도 답을 찾을 수 없으리라는 것을 알지만, 그럼에도
계속 물어나가는 것.

그것의 소중함을 두 분의 뒷모습에서 배웠습니다.

인생을 마치는 그 순간까지 계속 배우며 성장의 길을 걷는다.

두 분이 걸어간 발자국이, 예순세 살의 내 마음에 스며드는 한
때를 맞이하고 있습니다.

2014년 4월 17일

다사카 히로시

슈퍼제너럴리스트

— 지성을 연마하다

초판 1쇄 인쇄 2016년 6월 27일
초판 1쇄 발행 2016년 7월 7일

지은이 다사카 히로시 | 옮긴이 최연희 | 펴낸이 염현숙 | 편집인 신정민

편집 최연희 | 디자인 백주영 | 저작권 한문숙 박혜연 김지영
마케팅 방미연 최향모 오혜림 함유지 | 홍보 김희숙 김상만 이천희
제작 강신은 김동욱 임현식 | 제작처 한영문화사

펴낸곳 (주)문학동네
출판등록 1993년 10월 22일 제406-2003-000045호
임프린트 싱긋

주소 10881 경기도 파주시 회동길 210
문의전화 031)955-1935(마케팅) 031)955-2692(편집)
팩스 031)955-8855
전자우편 paper@munhak.com

ISBN 978-89-546-4158-6 03190

www.munhak.com